# 自己調整学習と
# 形成的フィードバック

## ディモチベーション払拭に向けて

土屋麻衣子 著

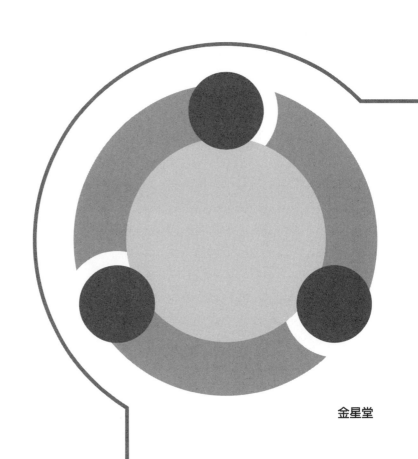

金星堂

# 自己調整学習と形成的フィードバック
### ディモチベーション払拭に向けて

土屋麻衣子　著

金星堂

# まえがき

　本書は、外国語学習における自己調整学習の促進を意図した教育的介入の実証的研究に関するものであり、広島大学に 2018 年 3 月に受理された博士論文「形成的フィードバックが英語学習における自己調整学習に与える作用—英語苦手意識を持つ学習者に焦点を当てて—」に基づき執筆したものです。博士論文が受理されてから数年が経ってしまいましたが、新学習指導要領に自己調整というキーワードが入り、高等教育においては「学修者本位の教育」の実現が謳われるという時流において、自己調整をメインテーマとした本書が何かお役に立てるのではないかという想いから出版することにしました。

　私は博士論文で自己調整学習を扱い、その後も自己調整を軸とした研究をしていますが、この源泉は十数年前から取り組んでいるディモチベーションの要因研究にあります。ディモチベーションは動機減退のことです。博士論文を執筆するまでに、民間の教育機関、高校、専門学校、国公立および私立大学等、いろいろな場所で英語を教える機会を頂いてきましたが、いずれの場所にも英語に苦手意識を持ち、授業中に指名されないよう下を向いている学生や生徒がいました。しかしながら、話をしてみると、彼らの多くが心では「英語ができるようになりたい」「英語を話せたらかっこいい」という願望を持っていることがわかりました。その気持ちに触れるうちに、彼らがリスタートを切れる手助けをしたいと強く思うようになりました。そこで苦手意識の要因解明の研究に着手し、そしてその解決方法を模索する中で自己調整学習に行き至った次第です。

　本書の特色として 3 点挙げます。1 つ目は、英語に苦手意識を持つ学習者に焦点を当てていることです。「苦手」や「点数が低い」という状況はセンシティブであるため、扱いが非常に難しいところです。しかしながら、だからこそ英語学習を順調にこなしている学生や生徒に対するものとは異なる教育的アプローチが必要であると考えます。彼らに一定期間にわたって自己調整学習理論に基づく教育的介入を行うと、学習の取り組み方や動機づけにどのようなこと

が生じるのか否かについての実証研究は先駆的な試みだったと考えています。先行研究がほとんどなかったため、質的研究法 TEM を用いて現象を捉えることから始めました。

　2つ目は、質的研究を経て立てた形成的フィードバックの作用についての仮説を、独自に開発した質問紙を用いて量的研究で実証したことです。本書での形成的フィードバックの教育的介入は、一定期間にわたり継続的に学習者一人一人に与えるものでした。したがって、効果が実証されたと聞いてもその導入には二の足を踏む方が多くいるかもしれません。実際、これまで中学や高校そして大学の先生方から「現実的には、その指導の時間を日々の教育活動の中でとることは難しい」というお声を何度も聞いてきました。しかしながら、この後お伝えするように、形成的フィードバックは学習者の学習の質を上げるために的を射た内容でタイムリーなものであれば、短い声掛けや数分の対話でも大きな効果を生みます。また、教師からのフィードバックを数回経験すると、自分で効果的なフィードバックをするようになる学習者も現れ、教師の負担は軽減していきます。このような理解が進み、さまざまな教育現場において形成的フィードバックを導入することへの抵抗感が低くなることを願っています。

　3つ目は、日本ではまだ教育現場で一般的なものとして普及していない形成的フィードバックがどのようなものか実践例を持って示し、最終的には社会的認知理論に基づく自己調整学習の発達と形成的フィードバックの関連についてのモデルを構築したことです。今後、さらに形成的フィードバックの内容について研究を深化させますが、本書の実践例を足掛かりとして、多くの教室現場で形成的フィードバックの実践が増え、多くの意見交換ができるようになれば幸いに思います。

　本書の刊行に際しては、多くの方々に大変お世話になりました。ご指導、ご支援くださった方々に、心より感謝を申し上げます。

　まず、学位論文の主指導教官ならびに学位審査の主査としてご指導を頂いた深澤清治先生には修士課程時代からご指導を賜りました。先生のご指導によって、学位論文を完成させるのに必要な研究力を得ることができたのは言うまでもありませんが、今後の人生において取り組むべき研究テーマも見出すことができました。先生から頂いたすべてのご指導とお言葉に、衷心よりお礼を申し

上げます。

　副指導教官ならびに学位審査の審査委員である築道和明先生には、教科教育学特別研究の授業での発表の際、毎回有益なご示唆やご助言を数多く頂きました。築道先生のご助言によって問題解決への糸口を見出したり、多角的に思考したりする視点を得ることができました。拝謝申し上げます。

　副指導教官ならびに学位審査の審査委員である中條和光先生からは、私が苦手意識を持っていた統計分析に関して相談を申し上げる度に、わかりやすい言葉で書かれたたくさんの解説資料を頂きました。その作成に割いて頂いた時間を思いますと感謝の言葉しかありません。

　一方、勤務先の福岡工業大学においては、現職教員のまま進学することを承認して下さった学長の下村輝夫先生に、まず深謝申し上げます。また、同じ英語科目を担当する池田賢治先生と原田寛子先生には、学生へのアンケート調査に何度もご協力を頂いただけでなく、研究内容についても貴重なご助言をたくさん頂きました。同じ所属である教養力育成センターの阿山光利先生、上寺康司先生、徳永光展先生、そして社会環境学部の李文忠先生からは絶えず激励のお言葉をかけて頂きました。みなさまにお礼を申し上げます。

　修士課程の主指導教官であった元広島大学教授中谷喜一郎先生ならびに奥様からは、修了後も公私に渡り、数えきれないほどの貴重なご助言と励ましを頂いてきました。元宮崎公立大学教授の中山本文先生、九州大学大学院教授の松永典子先生、そして福岡女学院大学の細川博文先生からは、必要なときにいつも的確なご教示を頂いて参りました。心より謝意を表したく思います。

　福岡工業大学総合研究支援機構の機構長はじめ委員の先生方、職員の方には、本書の刊行に際し多くのご支援を頂きました。また、これまでたくさんの研究調査に参加者として協力をしてくれたたくさんの学生のみなさんにも感謝を伝えたいと思います。みなさんが話してくれた悩みや勉強方法、授業に対する声がなければ本書はできあがりませんでした。金星堂のみなさまには、出版にあたり大変な校正の作業を行って頂きました。ありがとうございました。

　最後になりますが、毎日傍から声援を送り続けてくれている夫と娘、いついかなるときも見守ってくれている両親にも、最大の感謝の気持ちを伝えたいと思います。

　なお、本書に含まれる研究は、日本学術振興会 2017 年度科学研究費補助金を受け遂行しました。また本書は、福岡工業大学総合研究機構の 2022 年度学術図書出版補助支援制度により刊行しました。ここに記して、お礼申し上げます。

2022 年 11 月 1 日

著　者

# 目　次

# 図表題目一覧

第 4 章

第 5 章

第 6 章

# 第 1 章　序論

## 第 1 節　研究の目的と背景

　本書の目的は大別して 2 点ある。1 点目は、形成的フィードバックを導入した授業という文脈において、英語に苦手意識を持つ学習者の自己調整学習にどのような変化やプロセスが生じるかを捉えることである。形成的フィードバックは複数の先行研究においてその定義が言及されているが（Black & Wiliam, 1998; Sadler, 1989; Shute, 2008）、「目標までの隔たり（gap）を埋め、学習者の学習を改善するために、彼らの考え方や行動を修正することを意図し、学習者に伝えられる情報」と集約される。教師から「頑張りましょう」や「このプリントをしなさい」と単発的になされる助言や指導とは異なり、学習者の学習プロセスに関わり、目標達成に繋がるよう継続的、系統的に与えられるものである。このことは教育において非常に重要な要素だと考えられるが、第二言語習得（外国語学習）研究分野において、形成的フィードバックに関する研究や実践報告の蓄積は多くはない。よって、本書では形成的フィードバックを受けることでどのような変化が学習者に生じるのかという現象の質的理解を行うことから着手する。2 点目は、1 点目の質的理解で得た仮説を量的に検証することである。質的研究ではその特性上、参加者が数人に限られるため、量的研究で実際の授業運営を想定し、複数クラスの受講者を対象に形成的フィードバックを導入した授業を実施し、その効果を自己調整学習の観点から考察する。

　この目的を設定した背景について、第二言語習得（外国語学習）研究の動機づけ研究と日本の大学教育における動向、および 2020 年度から施行されている新学習指導要領で言及された自己調整の観点から述べる。第二言語習得（外国語学習）研究分野において自己調整学習や自己調整力という言葉は、自己調整学習の理論を基にした動機づけのプロセスモデル（Dörnyei & Ottó, 1998）が発表された後、主に動機づけ研究分野で見られるようになった。それから約

20 年が経ち、同分野では L2 セルフシステム理論（Dörnyei, 2005）が唱えられるようになった。この理論では、理想とする将来の自己イメージを漠然とではなく具体的に持つことが動機づけには重要で、日々の学習ではその将来の理想（長期目標）に繋がる短期目標をクリアしながら学習を進めていくことが肝要だとされている（Oyserman & James, 2009）。目標を設定し、方略を考えながら学習を進めるというのは自己調整学習の考え方と同様である。つまり、学習者の自己調整学習や自己調整力は、動機づけのプロセスモデルが提唱されて以来、動機づけの鍵となる要素となっていると見なすことができる。しかしながら、意外にも第二言語習得（外国語学習）研究分野では自己調整学習に焦点を当てた研究は多くなされていない。これらのことを踏まえると、学習者の自己調整学習や自己調整学習力の観点から、言語学習に対する動機づけや取り組み姿勢、語学力などを捉えることには意義があると考える。

　2 点目の背景として、ここ 10 年間ほどの間に、日本の大学では教育の質的転換を目指し、学生の主体的、自律的学習姿勢を涵養することを重要視するようになったことがある。大学全体として、その育成を念頭にカリキュラムやアセスメントポリシーなどを再編成したり、授業においては課題解決型学習、協同学習などのアクティブ・ラーニング型と称される形態を導入したりするようになった。ところが近年、このような潮流の中での指導のあり方を再考すべきデータが提示された。それは大学生のアクティブ・ラーニングの経験率が増加するにつれ、彼らの学習に対する主体性や自律性が減少しているというものである（杉谷, 2012；山田, 2016）。この要因の一つとして、制度が先走ってしまい、実際の教育現場でのソフト面の準備が整っていないことが窺える。アクティブ・ラーニングに関する研修会等が多く開催されるようになってきているが、アクティブ・ラーニング型授業を成すための学習形態のとり方（グループワーク等）や様々なツール（付箋やクリッカーなど）の使い方という外枠に関するものが多い感は否めない。それらが導入されたアクティブ・ラーニング型の授業に学習者は受動的に参加している、という状況が生じているかもしれない。新しい教育方法への過渡期において、これまでとは異なる授業形態の導入や環境の整備等はある程度必要なことではあるが、形を整えることと並行して、学習者自身の真の主体性や能動性に作用するアプローチの方法も考える必

要があると考える。

3 点目は上記 2 点目とも関連するが、2020 年度から小学校より順次施行された新学習指導要領の「主体的に学習に取り組む態度の評価の基本的な考え方」に、学習者の学習に関する「自己調整」の側面の捕捉が含まれたことである（中央教育審議会，2016）。何をもって学習者が主体的であるかどうかを判断するかという点は、長年、教育界での議論の的であったが、その明示的な指標の一つとして「自己調整」が示されたのである。しかしながら、日本の英語教育の現場という文脈において自己調整の研究が十分になされているとは言い難く、特にどのようにして自己調整の側面を涵養するかという観点に関する研究はほとんど見受けられない。このような見地から、学習者の自己調整学習に着目する研究の意義は多分にあると考える。

## 第 2 節　用語の定義

　本書においてキーワードとなる用語について、以下のように定義する。

(1)　自己調整学習

　　本書での「自己調整学習」とは、Zimmerman（1989）に基づき「学習者が自身の学習プロセスに関して、メタ認知、動機づけ、行動の側面において能動的に関わる学習」を意味し、自己効力感、目標、自己調整学習方略の 3 つをその主要素とする。

(2)　形成的フィードバック

　　本書での「形成的フィードバック」とは、Black & Wiliam（2009）、Sadler（1989）、Shute（2008）に示されている定義を集約し、「課題に対する現状と目標の隔たり（gap）を埋め、学習者の学習を改善するために、彼らの考え方や行動を修正することを意図し、学習者に教師から伝えられる情報」を意味する。形成的フィードバックは、最終的には学習者が自分自身で与えられるようになる形が理想であるが、本書では、主に教師から学習の質や効率性、学力向上のために伝えられるものを指す。

(3)　英語に苦手意識を持つ学習者

　　本書での「英語に苦手意識を持つ学習者」は、数年間、英語学習に対する

意欲が減退している状態にあり、実際の英語力も同学年の学習者に求められる水準より低い学習者のことをいう。本書では、テスト等の点数を基に英語力がある学習者とそうではない学習者に区分した調査を行っているため、「英語に苦手意識を持つ学習者」は、正確には「英語力が低い学習者」と表現する方が適切である。しかしながら、そのような学習者のサポートをする立場から、能力の部分にネガティブな言葉を用いることを避けたく、また実際に能力ではなく学習に対する意識の問題である側面が多分に見出されたことを踏まえ、「英語に苦手意識を持つ学習者」と記述する。

## 第3節　本書の構成

　本書は本章を含めて6つの章から構成されている。第1章では、本研究の目的と背景を提示し、本書での主要な用語を定義する。第2章では、まず本書における研究に着手することになった理由に繋がる先行研究について、第二言語習得（外国語学習）研究における自己調整学習への関心の推移と、英語苦手意識を持つ学習者のディモチベーション要因の観点から概観する。その後、Zimmerman（1989）の自己調整学習理論と形成的フィードバックの構成要素や働きの概要について解説し、先行研究に見られる両者の関係性に触れる。また、第4章で英語学習版自己調整学習尺度を開発することを念頭に置き、これまでに作成された複数の自己調整学習尺度について内容や分析法について概観する。以上を踏まえ、本書の研究課題を示す。第3章では、形成的フィードバックの提供と学習者の自己調整学習の関連を質的分析法によって把握、考察し、現象の質的理解を行う。第4章では、第3章で得た現象の質的理解を量的に検証するために必要な英語学習に関する自己調整学習尺度の開発を行う。第5章では第4章で開発した自己調整学習尺度を用い、複数クラスの学習者を対象に形成的フィードバックを一定期間与えるという教育的介入を実施し、形成的フィードバックが学習者の自己調整学習に及ぼす作用をメタ認知、動機づけ、そして行動の側面において検証する。各章の関連と本書の全体構成を図示すると、図1のようになる。

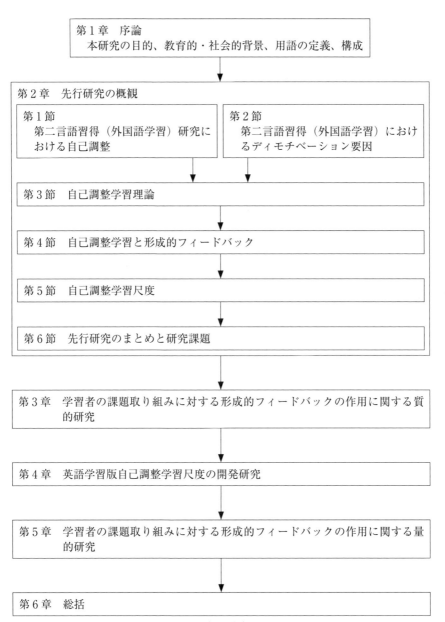

図1　本書の構成と流れ

# 第2章　先行研究の概観

## 第1節　第二言語習得（外国語学習）研究における自己調整

### 1. 自己調整能力への関心の高まり

　第二言語習得（外国語学習）研究において、自己調整力や自己調整学習は主に動機づけ分野で注目されるようになってきている。90年代以前、動機づけは「統合的動機づけ」や「道具的動機づけ」（Gardner & Lambert, 1959）のように区分され静的なものだと捉えられていたが、90年代後半頃からは文脈や時間の影響も考慮されるようになり、時間の経過やさまざまな内外の影響によって変化するダイナミックなものだと解釈されるようになった。そして、学習者の動機づけの側面をはじめとして認知的、メタ認知的の側面をどのようにモニタリングし調整しているかどうかは、結果として表れる動機づけにとって重要なものと認識されるようになった（Dörnyei & Ottó, 1998; Dörnyei, 2001; Ushioda, 1996）。このような流れにおいて Dörnyei and Ottó（1998）は、自己調整プロセスの理論的枠組みを参照して（Dörnyei, 2005）、「教室における動機づけのプロセスモデル」（A process model of learning motivation in the L2 classroom）を提唱し（図2）、それに基づく「動機づけを高める指導実践の要素」（The components of motivational teaching practice in the L2 classroom）を考案した（図3）。

　「教室における動機づけのプロセスモデル」には、活動前（preactional stage）、活動中（actional stage）、活動後（postactional stage）という段階が設定されており、この3つの段階はこのあとの第3節で述べる自己調整学習の段階（予見段階、遂行段階、自己省察段階）と一致する構成であることに注目したい。また本モデルには「行動の開始」「行動の調整」「方略の考察」など自己調整学習の要素が含まれており、動機づけと自己調整学習が切り離せない関係であることを表している。自己調整学習理論においても、動機づけはメタ認

知や行動の側面と相互的に作用し合いながら高まるものとされている。

　次に、このプロセスモデルを基に提唱された「動機づけを高める指導実践の要素」（Dörnyei, 2001）を見ると、自己効力感や期待感をサポートしつつ、目標設定から使用する方略、省察の仕方にわたり、学習者の学習プロセスに関与する内容となっていることが確認できる（図3）。この「動機づけを高める指導実践の要素」に含まれる内容は、自己調整学習のプロセスや形成的フィードバックに必要とされる要素と共通点が多い。学習者の自己調整学習の促進には、教師からのフィードバックが重要であると考えられていることを踏まえると（Nicol & Macfalane-Dick, 2005; Butler, & Winnie, 1995）、自己調整プロセスの理論に基づく「動機づけのプロセスモデル」を助長する「動機づけを高める指導実践の要素」が形成的フィードバックの要素と重なっていることは理解に難くない。

| **活動前** | **活動中** | **活動後** |
|---|---|---|
| 選択に関する動機づけ | 遂行に関する動機づけ | 省察に関する動機づけ |
| 動機づけの機能：<br>・目標設定<br>・意思決定<br>・行動の開始 | 動機づけの機能：<br>・補助課題の設定と実施<br>・達成に対する継続的評価<br>・行動調整（自己調整） | 動機づけの機能：<br>原因帰属<br>基準と方略の考察<br>意志放棄と今後の計画 |
| 動機づけへの影響：<br>・目標の内容<br>・結果と学習プロセスにおける価値<br>・第二言語とその話者への姿勢<br>・成功への期待と対応能力の認知<br>・学習者信念と方略<br>・環境的な支援または障害 | 動機づけへの影響：<br>・学習経験の質<br>・自主性<br>・教師や親<br>・教室内の報酬と目標<br>・学習仲間<br>・自己調整方略の知識と使用 | 動機づけへの影響：<br>・帰属要因<br>・自己信念<br>・フィードバック、賞賛、成績 |

図2　教室における動機づけのプロセスモデル（Dörnyei, 2001 を訳出）

　この「動機づけを高める指導実践の要素」の効果は複数の研究で検証されている。例えば、Guilloteaux and Dörnyei（2008）は、COLT（Communicative Orientation of Language Teaching）を参考に、英語の授業分析を行うためのサンプリングシートを開発し、授業内で教師がとった動機づけ方略のあとに学習者がどのような反応を示したかという観察による調査を 40 教室で行うという大規模な調査を行っている。そしてその介入によって、学習者に動機づけられた行動が見られ、彼らの動機づけ自体も向上したことを明らかにしている。廣森（2012）は動機づけの程度と動機づけ方略への認識間の関連について質問紙を用いた調査を行っている。そして、動機づけが高い学習者は教師からの動機づけ方略指導をあまり認識していないという結果を受けて、彼らには教師からの動機づけ方略よりも自己内での動機づけ方略が必要であると述べている。一方、動機づけが低い学習者は動機づけ方略の認識が高かったことを指摘し、

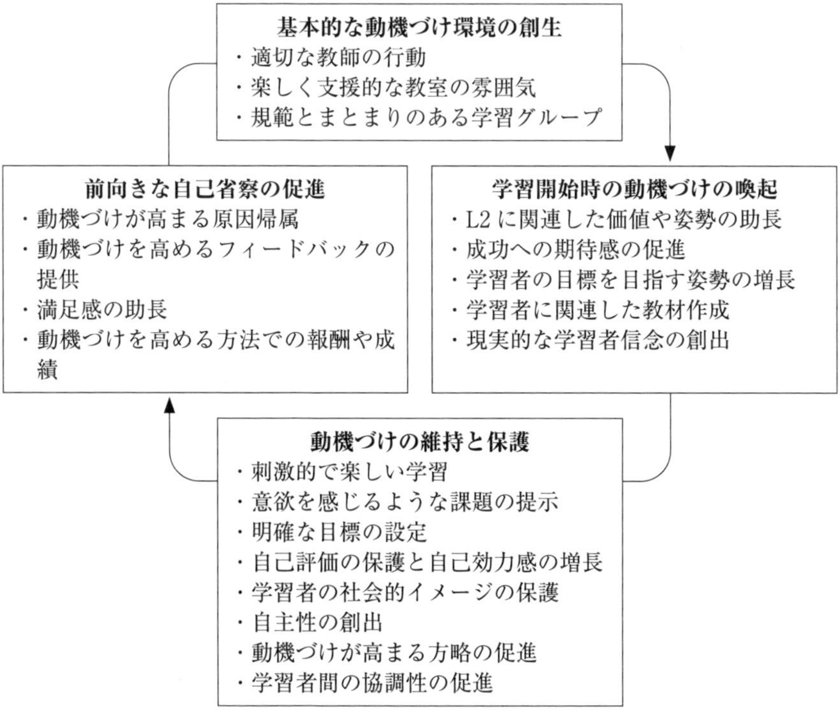

**基本的な動機づけ環境の創生**
・適切な教師の行動
・楽しく支援的な教室の雰囲気
・規範とまとまりのある学習グループ

**前向きな自己省察の促進**
・動機づけが高まる原因帰属
・動機づけを高めるフィードバックの提供
・満足感の助長
・動機づけを高める方法での報酬や成績

**学習開始時の動機づけの喚起**
・L2 に関連した価値や姿勢の助長
・成功への期待感の促進
・学習者の目標を目指す姿勢の増長
・学習者に関連した教材作成
・現実的な学習者信念の創出

**動機づけの維持と保護**
・刺激的で楽しい学習
・意欲を感じるような課題の提示
・明確な目標の設定
・自己評価の保護と自己効力感の増長
・学習者の社会的イメージの保護
・自主性の創出
・動機づけが高まる方略の促進
・学習者間の協調性の促進

図 3　動機づけを高める指導実践の要素（Dörnyei, 2001 を訳出）

動機づけの特性によって必要となる動機づけ方略が異なることを示唆している。

　このように、「動機づけを高める指導実践の要素」が、学習者の動機づけに及ぼす作用についての研究がなされてきているが、この動機づけ方略が基とするプロセスモデルとの関連性、つまり、動機づけ方略によって学習者の動機づけのプロセスモデルのどの段階が向上したか、段階間の関連はあるのかなどに関する調査はほとんどなされていない。「動機づけを高める指導実践の要素」は「動機づけのプロセスモデル」の促進を意図している。そして、当モデルは自己調整学習理論において提示されている3つの学習段階と同様の設定であることを踏まえると、「動機づけを高める指導実践の要素」がプロセスモデルに与える影響を捕捉することで、自己調整学習にも多くの示唆を与えることができると考える。

　2000年代に入ると、学習者の自己（self-）の視点から動機づけを捉える必要性が高まり（Dörnyei & Ushioda, 2009）、その流れの中でL2セルフシステム理論が提唱された（Dörnyei, 2009）。この理論は、理想自己（Ideal L2 Self）、義務自己（Ought-to L2 Self）、学習経験（L2 Learning Experience）の3つの概念を用いて動機づけを説明するものである。学習者自身の将来の自己イメージが高いほど高い動機づけを持ち、積極的な学習行動が生まれると考える。Nitta and Baba（2015）は、理想とする自己像を持った2名の日本人大学生の1年間にわたる英語ライティングタスクへの従事と自己調整力との関係を調査した。そして具体的な短期目標を設定するなど、自己調整学習力がある学生の方が英語能力の向上をさせながら、さらに将来の自己像を明確にすることを見出し、自己調整学習力は長期間の言語学習における発達や学習効果に多大な影響を与えうる個人差要因になりうるという見解を示した。そして、このような見方は第二言語習得（外国語学習）研究分野において広がりつつあるが（Dörnyei & Ryan, 2015; Macaro, 2001）、実際のところ、学習者の自己調整力や自己調整学習の変容、それらとパフォーマンスや成績との関連を取り扱った研究が多くはないことを指摘している。

## 2. 自己調整学習方略指導の研究

　第二言語習得（外国語学習）研究分野における自己調整学習に関わる先行研究として、自己調整学習方略指導の効果に関する研究がなされている。例えば、Mizumoto and Takeuchi（2009）は、大学生英語学習者に認知的およびメタ認知的語彙学習方略指導を 10 週間にわたり実施し、彼らの語彙力と方略使用の変化を捉える調査を行っている。このメタ認知の方略指導には目標設定や定期的な自己テストの実施など自己調整を促すものが含まれている。介入があった実験群は調査終了後の語彙テストで統制群をはるかに上回る伸びを見せ、また使用方略のレパートリーが広がり、方略使用の頻度も上がったことが確認された。また、最初から方略使用が高かった学習者より最初の使用が中程度以下の学習者に、より効果があったことを報告している。Munezane（2015）は動機づけの L2 セルフシステム理論と自己調整学習の 3 段階プロセス（Zimmerman, 2012）の観点から組み立てたスピーキングの授業を日本人大学生英語学習者に一学期間行い、学生の Willingness to Communicate（WTC）の変化を調査している。そして、主にスピーキングにおける目標設定という自己調整学習方略の指導を受けた実験群の方が、それがない統制群に比較してWTC が向上したことを明らかにしている。Zhang（2012）は大学生英語学習者にリスニングに関する認知的およびメタ認知学習方略を 15 週間指導した結果を報告している。認知的方略としてノートテイキングや推測など、メタ認知方略として自己モニタリングや注意喚起、自己評価などの指導を行った。調査後のリスニングのポストテストで、方略指導のなかった統制群の点数は調査前のプレテストとほぼ変化がなかったのに対し、実験群はプレテストよりも非常に高い点数となり、加えて方略使用頻度も調査前より増加したことが明らかとなり介入の効果があったとまとめている。

　このように、各スキルにおける自己調整学習方略指導を行うことで、そのスキルや動機づけの向上という効果が見出されている。しかしながら、ここで自己調整学習力の促進という観点から留意したい点がある。それはこれらの先行研究では、方略指導の一環として学習者に目標設定や自己評価、使用方略の選択を行わせているが、どのような目標を掲げるのか、そしてどのような方略を選ぶのかなどは学習者に委ねられている点である。なぜ留意したいかというと、初等および中等教育を経た大学生学習者でも、自分の学習を適切にモニタ

リングしたり、適切な目標を設定したりすることは難しいことが指摘されているからである（Ambrose, Bridges, DiPietro, Lovett, & Norman, 2010; Butler & Winne, 1995）。前項で触れた Nitta and Baba（2015）の研究において、高い学習意欲を持っている2人の学習者においてでさえ、適切な目標設定ができるか否かで成果に違いがあったことが示された。成果に繋がる学習者の自己調整学習力を高める教育的介入を試みる場合は、方略指導と合わせてどのような目標を設定しているか、どのような方略を選んでいるかという、学習スタート時点からの学習プロセスに関与する必要性があると考える。

## 第2節　第二言語習得（外国語学習）におけるディモチベーション要因

### 1. Dörnyei（2001）のディモチベーション要因

　Dörnyei（2001）は動機づけの全体像を把握するためには、敬遠されている動機づけのセンシティブな面にも注目する必要があるという考えを持ち、言語習得研究の分野にディモチベーションという概念を紹介した。彼はディモチベーションを "specific external forces that reduce or diminish the motivational basis of a behavioral intention or an ongoing action"（p. 143）と定義している。そして、ハンガリーのブダペストで英語やドイツ語を学ぶ高校生のうち、教師やクラスメイトから意欲減退の状態にあるとされた50人にインタビューを行い、少なくとも2人の高校生が主な意欲減退の要因であると答えたものを整理し、75件のインタビュー・トランスクリプトを基に以下の9つの意欲減退要因を抽出している。上から表出数が多かったもので、「教師」については40％を占めていたことを明らかにしている。

1. 教師（人格、関与、能力、教え方）
2. 不十分な学校設備
　（クラスサイズ、レベルの不適切さ、頻繁な教師の交代）
3. 自信の減少（失敗経験や成功経験の不足によるもの）
4. 学習している外国語に対する消極的な姿勢
5. 義務的な外国語学習
6. ほかに学んでいる外国語の干渉

7. 学習している外国語を話すコミュニティに対する消極的な姿勢
8. 学習仲間の態度
9. 教科書

　ここで注目したい点として、上記の Dörnyei の定義ではディモチベーションは「外的」要因によって生じるものとされているが、上記のリストには学習者の「内的」要因だと考えられるものも含まれていることがある。「自信の減少」や「学習している外国語に対する消極的な姿勢」「学習している外国語を話すコミュニティに対する消極的な姿勢」などである。このことを考慮すると、ディモチベーションには、外的要因のみならず内的要因も関係しているという視点で整理する方が適切だと言えよう。

## 2.　動機づけおよび英語力が低い日本人英語学習者のディモチベーション要因

　Dörnyei（2001）を受けて、日本でも英語学習における学習者のディモチベーション要因の解明を試みる研究が行われるようになった（e.g., Falout & Maruyama, 2004; Kikuchi & Sakai, 2009; Tsuchiya, 2004, 2006a, b）。ここでは、本書が対象とする動機づけと実際の英語力が低い日本人英語学習者に焦点を当てた研究におけるディモチベーション要因を概観する。

　Falout and Maruyama（2004）は、Dörnyei（2001）の意欲減退要因を日本での英語教育環境に合う要因に解釈した上で、複数の先行研究を基に 49 項目からなるアンケートを作成し、TOEIC で 300 点程度の英語力の大学生（LP: Lower-proficient students）と 350 点程度の英語力の大学生（HP: Higher-proficient students）に調査を行った。分析の結果、LP の大学生が最も否定的な見解を示した要因は「自信」で、続いて「英語自体への姿勢」「授業」「教師」「学習仲間」「英語を話すコミュニティへの姿勢」と示されている。一方、HP においても最も強い否定的要因は「自信」であるが、LP が HP に比べ英語を嫌いな期間が長いこと、および「自信」の程度を捉えた質問項目に対する両者間の平均値の差を踏まえ、LP と HP の自信の無さの質は異なると推測している。また、LP は意欲減退の要因を自分の能力の部分など、内的要因に帰する傾向があることを示唆している。

表1　英語学習における意欲減退要因

| | LP | HP |
|---|---|---|
| 1 | 英語学習における自信の減少 | 授業 |
| 2 | 授業 | 教師 |
| 3 | 義務的な英語学習 | 学習仲間の消極的な学習態度 |
| 4 | 学習方法がわからないこと | 義務的な英語学習 |
| 5 | 教師 | 学習方法がわからないこと |
| 6 | 学習仲間の消極的な学習態度 | 英語自体への消極的な態度 |
| 7 | 英語自体への消極的な態度 | 英語学習における自信の減少 |
| 8 | 憧れとなる存在の欠如 | 憧れとなる存在の欠如 |
| 9 | 英語を話すコミュニティへの消極的な態度 | 英語を話すコミュニティへの消極的な態度 |

　Falout, Elwood, and Hood（2009）は、意欲を減退させたり向上させたりする要因を把握するために 52 項目からなるアンケートを 900 名の大学生に実施している。分析を通して、「教師への親しみやすさ」「助けを求めること」「楽しみを見つけること」「文法訳読法」「避けること」「自己拒絶」「価値観」「授業レベル」「自信」という要因を見出している。また、調査対象者を自己申告による英語力別に 3 つのグループに分け、各グループの各要因の回答を比較した考察を行っている。そして、学習意欲が低下した際、LP は教師や友人に頼る傾向があるのに対し、HP は自分で学習に楽しみを見つけるようにしたり、自分でどうにかしようとしたりしている傾向があることを捉え、LP の方が自己調整に弱いことを指摘している。

　Tsuchiya（2006a）は、先行研究で捉えられた意欲減退要因（Dörnyei, 2001; Falout & Maruyama, 2004; Tsuchiya, 2004）を踏まえて質問紙を作成し、英語検定の準 2 級相当の問題の正答率が 40% 未満の大学生（LP）と 2 級を所持している大学生（HP）にアンケートを実施し、両者間の意欲減退要因の違いを示している（表1）。

　LP に関しては、最も強い「英語学習における自信の減少」をはじめ、「義務的な英語学習」や「学習方法がわからないこと」など、学習者自身の受け止

めに関するものが学習意欲減退の上位に位置している。これは Falout and Maruyama（2004）の研究結果と一致しており、英語力が低い学習者の意欲減退には、英語力が高い学習者に比べて内的な要因が強く影響していると言える。それに対して、HP において強い意欲減退要因は、「授業」「教師」「学習仲間の消極的な態度」といった外的なものであることを示している。

　Tsuchiya（2006b）は、意欲減退要因を基にした英語が苦手な大学生学習者のタイプとして 4 つあることを明らかにしている。そして、英語や英語学習に非常に否定的なのは 1 グループだけで、人数的には全体の 1 割程度であること、ほかの 2 グループに入る約 6 割の学習者は、英語を苦手としながらも英語ができるようになることへの憧れや、英語話者に対して好意的な気持ちを所持していることを示し、彼らにそのような気持ちがあれば教育的に何か打つ手がある可能性を唱えている。そのためには、当該学習者を「英語が苦手な学習者」と一括りに捉えず、それぞれの意欲減退要因を把握して指導に臨む必要性があるのではないかと問うている。

　上記の先行研究の結果を鑑みて、英語苦手意識を持つ学習者の動機づけを考える場合、使用教材を含む授業などの外的要因を変えるなどのアプローチだけではなく、学習者自身が抱えている否定的な内的要因を改善させる観点からのアプローチも重要であると考える。度重なる失敗経験を経て英語学習に対して自信がなくなっている状態、何らかの勉強はしていたとしても効果が出ていない状態、または効果的な学習方法がわからないまま勉強している状態、学習に対して義務感を強く所持している状態、このような状態から彼らを抜け出させる方法を考える際、Falout, Elwood, and Hood（2009）が HP の学習者との違いとして挙げている自己調整の力をどうつけさせるかということが鍵になると考える。なぜなら、本質的なことになるが学習者の内的な要因が問題である場合、やはり最終的には学習者自身がそれらに対処し乗り越える必要があるからである。ここで自己調整学習の 3 つの主要素を見てみると、自己効力感、目標、自己調整学習方略となっている。これらは LP 学習者の「学習における自信の減少」「義務的学習」「学習方法がわからないこと」の逆の要素と捉えることもでき、彼らの問題を補完する可能性があるのではないだろうかと考える。菊地（2015）は、学習意欲が減退した学習者に自己調整学習理論に基づく

Dörnyei（2001）の「動機づけを高める指導実践の要素」の有用性はこれまで
のところ検証されていないが、今後の研究が待たれると言及している。

## 第3節　自己調整学習理論

### 1.　社会的認知理論に基づく自己調整学習理論

　自己調整学習理論に関しては、オペラント理論に基づくものや情報処理モデ
ルから捉えたものなどがあるが（ジマーマン・シャンク, 2006）、本書は社会認知
理論に依拠する自己調整学習理論（Shunk & Zimmerman, 1997; Zimmerman,
1989）に基づく。Zimmerman（1989）は、自己調整学習を「学習者が自身の
学習プロセスに関して、『メタ認知』『動機づけ』『行動』の側面において能動
的に関わる学習のこと」と定義している。学習者が「自己調整の状態にある」
のは、自己効力感に基づく目標を設定し、それを達成するための具体的な方略
を用いて学習をしている場合だとし、「自己効力感」「目標」「自己調整学習方
略の使用」の3点をこの定義における能動的な学習の重要要素として挙げてい
る。彼の自己調整学習理論は、人間の機能は個人（思考や信念、効力感など）、
環境（教師や結果など）、行動の間の連続的な相互作用であるとする Bandura
（1986）の社会的認知理論に基づいている。そして、自己調整は学習者個人の
中だけで生じたり発展したりするものではなく、学習者、環境、行動の3要素
間で相互的に作用しながら発展していくものとしている（図4）。例として、
エッセイを書く場合、個人の自己効力感がどれほどあるかによって、トピック
の選定や仕上げるまでの行動が変わるということや、教師から激励のフィード
バックをもらうという環境があることで個人の効力感や意欲が高まるというこ

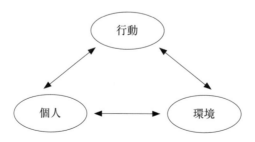

図4　Bandura の相互作用モデル（Schunk & Zimmerman, 2007 を訳出）

とを挙げている（Schunk & Zimmerman, 2007）。このように、これらの 3 要素は作用し合いながら変化するものであるため、学習者の学習方略や自己効力感、行動にプラスの変化が生じるためには、学習者がその時々の行動や気持ちなどをモニターし、適切なフィードバックを得ることが重要となる。

## 2.　自己調整学習の段階とプロセス

　上述した自己調整における相互作用の考え方は、学習者レベルの自己調整学習の段階とプロセスにも反映されている（Zimmerman, 2000, 2008）。図 5 は、学習者の調整のプロセスと動機づけの信念が組み込まれた「予見段階」「遂行段階」「自己省察段階」のサイクルを示している。学習者はこの 3 つの段階に含まれるプロセスを経ながら、自分の行動から生じた結果についてのフィードバックを社会的に（教師、仲間、親など）環境的に（課題など）個人的に獲得し、それらを新たな適応のために活用するというものである。Schunk and Zimmerman（2008）は、各段階について自己調整学習を効果的に発展させる積極的な学習者（proactive learners）とそうではない受動的な学習者（reactive learners）の傾向を示しながら説明している。以下、各段階を概観する。

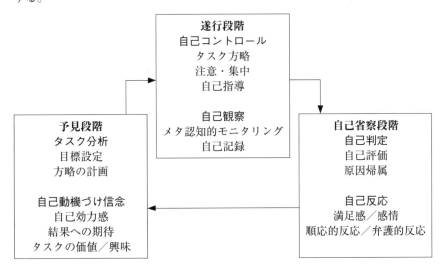

図 5　自己調整の段階とプロセス（Zimmerman, 2008）を訳出

## 予見段階

　この段階には「タスク分析」と「自己動機づけ信念」の2つのカテゴリーがある。「タスク分析」における「目標設定」に関しては、目標が具体的か、段階的に達成することが可能な目標か、簡単ではなく適度にチャレンジングな内容かという点、「方略の計画」に関しては、学習者が自分の認知や意欲を意識しながらパフォーマンスの向上を図ることができる方略であるかどうかが肝要となる。受動的学習者は漠然とした目標を設定し、明確な計画もなく学習を開始したり、学習プロセスのことは考慮せず最終的なパフォーマンスや結果のみを考えたりする傾向がある。

　「自己動機づけ信念」の「自己効力感」は、文字通り学習者自身が「目標を達成できるだろう」「求められるパフォーマンスをできるだろう」と思える気持ちである。「結果への期待」は、学習成果に対する期待であり、例えば「この勉強をしたら歴史の専門家になれる」という期待を持つことなどである。「タスクへの価値・興味」は、やるべき課題に対してなんらかの意義を見出したり、興味を持ったりして行うことができるかどうかを表す。積極的学習者はこれら自己動機づけ信念の3点について受動的学習者より強い傾向がある。つまり、目標を達成する気持ちを強く持ち、達成するまで粘ることができると考えられている。

## 遂行段階

　この段階の「自己コントロール」と「自己観察」のカテゴリーは、予見段階の目標設定からの影響を大きく受ける。なぜなら目標が何であるかによって、どのように自己をコントロールしたり、観察したりすればよいかが決まるからである。「自己コントロール」に含まれる「タスク方略」は、課題をスムーズに進められるようにわかりやすく工夫したり、複雑なことを取り除いたりする方略をとることである。例えば、教師から添削してもらった作文に書かれたコメントを基に、作文において気をつけるべきことにイニシャルやマークなどをつけるようなことを指す。意味の確認が必要なところには*M*、スペルに注意が必要な語句に*S*とマークすることなどである。「注意・集中」は、文字通り集中力を持ち、注意すべきところに意識を払いながら学習に臨むために行うこ

とである。騒がしい環境の中で耳栓を使うといった物理的なことから、過去の
テストなどで間違った部分に注意を払いながら学習するなどの意識的なことま
でをカバーする。「自己指導」は、学習者自身が自分の考えや行動を自分で導
いたり確認したりすることである。例として、自分が行っている学習方略や、
問題を解決するために取り組んでいることなどを言語化する（verbalization）
という自己指導が挙げられている。言語化することで学習者自身が行動や問題
を明確に意識することができ、自己効力感にも好影響があることがわかってい
る。

「自己観察」には「メタ認知的モニタリング」と「自己記録」がある。学習プ
ロセスで、学習者自身が自分の学習のやり方についてモニタリングしたり、図
やポートフォリオなどを使って記録したりすることである。積極的学習者は、
これらの学習活動にも体系的に取り組むが、受動的学習者はそもそもの目標が
具体的でないために自分が学習したことや学習成果を追えないことが生じる。
このように、予見段階の目標設定は次の段階に大きく影響を及ぼすことにな
る。


## 自己省察段階

　自己省察段階には「自己判定」と「自己反応」の 2 カテゴリーがある。「自
己判定」の「自己評価」と「原因帰属」は、自分の学習やパフォーマンスの結
果を評価し、その要因を考えることである。この際、積極的学習者は予見段階
で設定した目標に照らし合わせて判定するが、受動的学習者は目標を明確に持
っていないため判定できないことがある。代わりに、周囲の学習者と比較する
という方法を取らざるを得なくなり、たとえ自分が最初よりも成長していたと
しても低い判定を下し自己効力感を得る機会を逃すなど、自己調整学習が効果
的に作用しない状況に陥ってしまうことがある。また、その自己評価の原因を
コントロールできない自分の能力などに帰すか、コントロールできる学習方略
に帰すかという点はその後の努力の程度に影響を与える。受動的学習者は前者
に帰すことが多いとされている。

　次に、「自己反応」の「満足感・感情」についてである。まず、これについ
て学習者全体に言える傾向として、学習者は後々自分が傷ついたり落ち込んだ

りする可能性のあることを避け、満足感や良い感情を持てることを行うということがある。その上で、積極的学習者と受動的学習者間では、満足感や良い感情を獲得する対象が異なっている。前者は自分が立てた目標を達成したことやそれまでのプロセスをこなしたことに満足感を感じるが、後者は結果のみを対象としがちである。「順応的反応・弁護的反応」は、学習が一通り終わったときに、次に行う学習に対して持つ姿勢のことである。今回の学習より効率的な学習となるように方略を変え適応するのか、不満足な結果や傷つくことから自分を守ろうと無力感に浸ったり、ぐずぐずと行動を遅らせたりするのかどうかである。

　上記、Zimmerman（2008）の自己調整学習の段階とプロセスは、学習者の調整のプロセスと動機づけの信念の観点で示されているが、調整の領域別に各段階の内容を示したものとして、Pintrich（2004）の「大学生の動機づけと自己調整学習を評価する概念的フレームワーク」がある（表2）。Zimmerman（2008）の自己調整学習の段階とプロセスでは示されていない項目が含まれている。より多面的に自己調整学習を捉えるのに有意義な情報であるためここで触れたい。Pintrich は自己調整学習という観点は、大学生の学習を認知的側面からだけでなく動機づけや情意面、社会的文脈の側面も考慮しながら包括的に捉えることを可能にするとしてこのフレームワークを提案している。Pintrich のフレームワークは4つの調整の領域と4つの段階からなる。領域は認知、動機づけ、行動、文脈の4つである。そして、段階は段階1の「予見・計画・起動」から、段階2「モニタリング」、段階3「コントロール」、段階4「反応と振り返り」となっている。しかしながら、特に段階2と段階3は学習プロセスにおいて同時に起こることが多く、厳密な線引きは困難であると述べている。従って、段階の数は Zimmerman（2008）と概ね同じと考えてよいだろう。Pintrich のフレームワークの特徴としては、調整の領域を具体的に4つ示したこと、そしてその中に Zimmerman（2008）も重視している「文脈」を明示していることがある。また、各段階で機能すべき自己調整学習のプロセスについて、より具体的な指標を含んでいる。例えば、自己調整学習がうまく行える学習者は時間管理や援助要請（help-seeking）を適切にできることを踏まえ、調

表 2　Pintrich（2004）の大学生の動機づけと自己調整学習を評価する概念的フレームワーク

| 段階と尺度 | 調整の領域 | | | |
| --- | --- | --- | --- | --- |
| | 認知 | 動機づけ / 感情 | 行動 | 文脈 |
| 段階 1<br>予見・計画・起動 | 目標設定<br>既有知識の活性化<br>メタ認知知識の活性化 | 目標への志向<br>自己効力感<br>課題の難度の判定<br>課題価値の活性化<br>興味の喚起 | 時間と実施内容の計画<br>行動の自己観察に関する計画 | 課題や学習文脈に対する印象、認識 |
| 段階 2<br>モニタリング | メタ認知の意識と認知のモニタリング | 動機づけと感情の自覚とモニタリング | 実施内容、時間、援助の必要性についての自覚とモニタリング | 課題変更や文脈状況のモニタリング |
| 段階 3<br>コントロール | 学習や思考に対する認知方略の選定と適用 | 実行、動機づけ、感情に対する方略の選定と適用 | 行動の自己観察<br>継続、放棄<br>援助要請のための行動 | 課題の変更や交渉 |
| 段階 4<br>反応と振り返り | 認知的評価 | 感情の反応 | 行動の選択 | 課題に対する評価 |

整領域の「行動」にそれらの項目を設定している。ほかにも、「文脈」の段階3「コントロール」の中に「課題の変更や交渉」などが示されている。Pintrich自身が「このフレームワークは今後の動機づけと自己調整の評価ツールの開発研究に向けた青写真だ」（p. 400）と述べているように、あらゆる科目や場面での自己調整学習の捕捉に有益な情報であると考える。

## 3.　自己調整学習能力の発達に関する社会的認知モデル

　自己調整学習能力の発達に関する社会的認知モデルは、学習コンピテンスというのは学習初期段階では社会的要因を受けて発達していくが、次第に自己を起源とする要因に影響を受けるようになると考えるものである（Schunk &

表3 自己調整学習能力の発達に関する社会的認知モデル（Schunk & Zimmerman, 1997 を訳出）

| 発達のレベル | 社会的影響 | 自己内の影響 |
|---|---|---|
| 観察的 | モデル<br>言葉による説明 | |
| 模倣的 | 社会的ガイドと<br>フィードバック | |
| 自己制御的 | | 内的基準<br>自己強化 |
| 自己調整的 | | 自己調整プロセス<br>自己効力感信念 |

Zimmerman, 1997; Zimmerman & Campillo, 2003）。これには観察的レベル、模倣的レベル、自己制御的レベル、自己調整的レベルの4つの階層がある。最初の2レベルにおいては自己調整への影響の源は主に社会的要因の中にあり、後半の2レベルに移行するにつれ次第に自己内に移るとされている（表3）。

　観察的レベルでは、学習者は社会的なモデルや先生からの指導・激励などを通してスキルや方略を獲得していく。それらを適切に発展させるためにこのレベルで肝要なのは、ただモデルを観察するのではなくフィードバックを伴う練習を必要とすることである。模倣的レベルでは、学習者はモデルを見て単にその行動などを真似するのではなく、彼らがしている一般的な型を真似するようになる。単純に模倣するだけではなく、自分なりの行動を少し組み込めるようになる点が観察的レベルとは異なる。自己制御的レベルになると、モデルを参照する部分はまだありながらも、学習者は課題に必要なスキルや方略を自分で選び使うようになる。スキルや方略が次第に内在化していく段階である。自己調整的レベルは、学習者が個人的または文脈的な状況の変化に合わせてスキルや方略を体系的に用いるようになるレベルである。目標達成に向かうモチベーションと自己効力感も維持するようになる。

## 第4節　自己調整学習と形成的フィードバック

### 1. 形成的フィードバックと自己調整学習との関連

　まず、教育におけるフィードバック全般に関する Hattie and Timperley (2007) の研究を紹介したい。彼らはこれまでにいろいろな科目や文脈に関する多くの研究においてフィードバックの効果や作用が言及されている割に、その教室での意義を体系的に調査した研究が少ないことを指摘し、フィードバックの教育効果に関する膨大な数の文献を対象としたメタ分析を行っている。そして、教師やカリキュラムなど多様な要素を含む学校教育全体が生徒の成績に影響を与える効果量が 0.40 と算出されたのに対し、フィードバックに限定した教育効果の効果量は 0.79 と約 2 倍であったことを示し、フィードバックの重要性を主張している。またハッティ (2018) は、指導的な目的でフィードバックを与える際には、現時点での状態と目標とする状態との間のギャップを埋めることができるような情報を伝えることで、情意面と認知面の両者に作用し効果的であると述べている。この点に関連して山森 (2018) が興味深い研究結果を出している。日本の小学校で、1 年間の間に達成目標に対するフィードバックがたくさんあるクラスと、達成目標に対するフィードバックが少なく解答の正誤に関するフィードバックが多かったクラスの児童の成績変化を捉える研究を行い、前者の方が長期的な学力向上に効果があったことを示している。

　形成的フィードバックは形成的評価に基づき与えられるもので、その定義は複数の先行研究において言及されており (Black & Wiliam, 1998; Hattie & Timperley, 2007; Sadler, 1989; Shute, 2008)、「目標までの隔たり (gap) を埋めるために学習者の学習が向上するよう、思考や行動を修正することを意図し伝えられる情報」と集約することができる。そして、その情報は教室内での学習者の現状を踏まえ、現状に対して継続性のある内容であることがポイントとなってくる。具体的には、以下の 3 つの側面に関する情報である (Black & Wiliam, 1998, 2009; Hattie & Timperley, 2007; Sadler, 1989)。

1) 学習者の目標（Where the learner is going）
2) 目標に対する現状（Where the learner is right now）
3) 目標達成の方法（How to get there）

形成的フィードバックと比較されるものとして、総括的評価に基づく総括的フィードバックがある。一連のまとまった活動が終わった後に振り返り、良かった点と改善すべき点を総括的に評価した情報に基づいて伝えるものである。学期末試験や通知表などが該当する。対して、形成的フィードバックは、総括的評価やフィードバックが行われるまでの間に、日々の授業への取り組みや課題などに対する形成的評価に基づいて行われるものである。上記の3つの観点を含むフィードバックであるため、学習プロセスに非常に密接した内容となる。従って、学習者の自己調整学習を助長させるのに必須の要素であるとされている（Black & Wiliam, 2009; Butler & Winnie, 1995; Hattie & Timperley, 2007; Nicol & Macfarlane-Dick, 2005）。Schunk（2001）や Zimmerman and Campillo（2003）は形成的フィードバックという語句は用いていないが、自己調整学習を促進させるには、学習者が少しずつでも成長していることが実感できるよう、授業内で進捗フィードバック（progress feedback）を与えたり、教師や親などの社会的モデルから日々スキルを得る環境を作ったりなど、学習者の学習プロセスにおけるフィードバックを重要視している。また先に、Hattie and Timperley（2007）の研究において学校での教育活動の中でフィードバックの効果が高いことが明らかにされたことに触れたが、中でも学習方法や学習への取り組み様子など、学習プロセスに関わるフィードバック、つまり形成的なフィードバックの効果量が特に高いことが示されている。

　形成的フィードバックが学習者の認知メカニズムにもたらす好影響について、Shute（2008）は以下の3点を挙げている。1点目は、形成的フィードバックによって学習者は目標までのギャップや現在のパフォーマンスの良し悪しを知ることができるので、今後すべき努力の内容や量に対する不明確さを払拭できるということである。この先どれだけの努力をしなければならないのかがわからないという不透明さが動機づけを削ぐ原因になることは容易に考えられ、動機づけの維持や向上の観点からも重要なことであろう。2点目は、特に初学者や学習に行き詰っている学習者を対象としたものであるが、形成的フィードバックによって学習における認知的負荷を軽減できるというものである。当該学習者によく見受けられることとして、もう少し頑張れば良い結果やパフォーマンスに届くのに、その前に精神的に参ったり意欲が途切れたりして学習

を止めてしまうということがある。学習プロセスに関わる形成的フィードバックにはそのような脱落を防ぐ効果も見込める。3 点目は、使用している方略や手順が不適切な場合、学習が進んでいる途中でそれを修正する機会を持つことができるという点である。Tsuchiya（2009）は、6 年以上英語を学習してきたが英語が苦手な初級レベルの日本人大学生と基礎力は備わっている中級レベルの大学生を学習観（市川 , 2000）の観点から比較し、前者の方が非効率的な学習観に基づく非効率な学習方法を長年とってきていることを明らかにしている。竹内（2003）も外国語学習成功者とそうでない学習者をメタ認知方略や 4 技能別の認知方略などから比較し、両者間には明らかな違いがあることを示している。つまり、成果が出ない場合、学習方法に少なからずの原因があると言え、何かまとまった結果が出る前に軌道修正を図れることは、特に学習に問題を抱える学習者には大きな利点であると考える。

　このように形成的フィードバックは、学習者に問題や困難を乗り越えたり、学習を改善したりするための指導やヒントを学習プロセスにおいて与えることができ意欲と行動を喚起する作用がある。このことは、英語に苦手意識を持つ学習者が多くいる日本の英語教育において、ひいては学習に対する主体性の育成に感心が高まる教育現場において看過できない点だと考えられるが、形成的フィードバックの研究とその教室への導入が遅々として進まないことが指摘されている（Gedye, 2010; Nicol & Macfarlane-Dick, 2005）。

## 2．第二言語習得（外国語学習）研究分野での形成的フィードバック

　1990 年代ごろから、教育全般に関して形成的評価やそれに基づくフィードバックに注目した調査や研究が行われ、その教育効果が少しずつ教育現場に認知されるようになってきている（有本・小田・小田・多々納 , 2005）。しかしながら、外国語教育分野においては、授業における評価は到達度テストなどによる総括的なものがいまだに主流であるという指摘があることからも推測できるように、形成的フィードバックの研究や実践が広く浸透していないことが伺える（Ketabi & Ketabi, 2014; Wicking, 2016）。

　日本の英語教育における形成的フィードバックについての研究動向や関心度を把握するために、国内の主要な学会紀要 3 誌（ARELE, JACET Journal,

JALT Journal）の過去 20 年間の論文要約を調べた。その結果、ライティング
やスピーキング指導における修正的フィードバックや協同学習におけるピアか
らのフィードバックを扱った研究はいくつか見受けられたが、形成的評価や形
成的フィードバックという用語を用いたものは見当たらなかった。近いものと
して、協同学習の中でピアや教師と学習課題に対する進捗について毎週確認し
合い記録する活動が、英語への苦手意識を軽減させたことを報告するものがあ
った（Tsuchiya, 2015）。

　ここで、第 1 節で述べた自己調整学習方略指導と形成的フィードバックを伴
う指導との相違点について触れたい。なぜなら自己調整学習方略指導は「自己
調整」「指導」という語句がつくことから、自己調整学習促進のためのフィー
ドバックの研究として、またはそれと同類ものとしてカウントしても良いので
はないかという見解が出ることが考えられるからである。実際、先行研究にお
いては、教師が方略指導を与えるほかにクラスメイトとの方略や目標について
の共有やモニタリングや振り返りの活動も設定されており、学習者に形成的な
視点が養われる部分もあったと推測できる。しかしながら、本書で扱う形成的
フィードバックは、現状をしっかりと把握した上での目標設定と、現状と目標
とのギャップを埋めることに資する方略設定を促すものであるため、これらの
観点を十分に学習者が持つことなく自由に目標などを決めることが可能であっ
た先行研究は、形成的フィードバックがある授業の研究とは区別したい。

　学習者に目標や方略を決めさせるのは、学習者の主体性の観点から一定の教
育効果が見込まれ、実際に多くの教室現場でよく行われていることである。一
方で、長年にわたり、試験後の反省等を踏まえ自分で目標を立て、自分なりの
方法で学習をしてきた結果、英語が苦手である状況に陥っている大学生学習者
が多くいる現実があり、学習者だけで目標や学習方法を考えることが効果を生
み出さないケースがあることを認識する必要がある。Sadler（1989）は、「形
成的な評価やフィードバックは、学習者の日頃の取り組みに対して彼らが非効
率的な試行錯誤をなるべくせずに能力やスキルを向上させるためにあるもの」
だと述べている（p. 120）。私の学生の一人、大学 1 年生の I さんは、中学 2 年
生の中間テストで赤点を取って以来、6 年間にわたりずっと英語が苦手である
という。赤点を取った後、しばらく「次こそ 80 点以上を取る。そのためにと

にかく単語を覚える」と目標と方略を立てて頑張ったが成果が出ず、すっかり自信がなくなり英語を嫌いになってしまったとのことだった。赤点を取った中間テストのあと、形成的フィードバックを通して現状分析をしっかりした上で最適な目標や計画を立て、それをこなしたことに自信を持ってその後のテストに臨んでいたら、現状とは何か違っていたのではないかと思う。

　新学習指導要領の「主体的に学習に取り組む態度の評価の基本的な考え方」に学習者の「自己調整」の側面を捉えることが含まれた。自己調整の育成に従事する方向性が明示されたわけである。他方、日本で英語教育を受けてきた大学生への調査を通して、過去の授業で形成的な評価やフィードバックを受けたという実感が低いことが報告されている（土屋, 2017）。新学習要領の施行を契機に、英語教育のみならず教育全般において、主体性や自己調整の向上に資する手法の一つとして形成的評価や形成的フィードバックについて理解を深める必要があると考える。

## 第5節　自己調整学習尺度

　第二言語習得（外国語学習）研究に関して、自己調整学習の方略使用と動機づけや自己効力感との関連を調査するための尺度を開発し調査を行っている研究がある。例えば、Pintrich and De Groot（1990）は、Motivated Strategies for Learning Questionnaire（MSLQ）と呼ばれる尺度を作成し、自己効力感、内的な学習への興味、認知的方略使用、メタ認知方略使用の関連を調査し、それらが強く関連していることを明らかにしている。そして、これらの程度から学習者の成績の予測が可能になると述べている。また、彼らは後続する研究（Pintrich & De Groot, 1994）において、学習への内的価値（intrinsic value）や自己効力感などのポジティブな信念が高い学習者ほど、自己調整学習を行っていることを確認している。水本（2011）は、Dörnyei and Ottó（1998）の動機づけのプロセスモデルを基にした語彙学習モデルを自己調整学習の枠組みに当てはめ、そのプロセスの各段階における項目（計画段階：「不安、態度」、遂行段階：「意思コントロール、語彙学習方略」、自己省察段階：「語彙サイズテスト、使用した学習方略の自己評価」）で自己効力感の影響が見られるかどうかに関して質問紙を用いて調査している。そして「態度」を除く5項目で自己

効力感の影響があることを確認し、また自己効力感が高い学習者ほどメタ認知方略を使い、効率的に語彙学習に取り組んでいることを明らかにしている。Mahmoodi, Kalantari, and Ghaslani（2014）は、イラン人 EFL 学習者の自己調整学習方略使用と動機づけと成績の関連について質問紙を用いて調査し、動機づけと自己調整学習方略使用には相関があることを報告している。

　一方、Zimmerman（1998, 2008）の自己調整学習理論の循環的な学習段階を経ることに対する全体的な効果や段階間の関連性などを把握する尺度に関しては、第二言語習得（外国語学習）研究において管見の限り開発されていない。上記の先行研究のように、自己調整学習のある側面の深い理解や自己効力感や動機づけとの関連の把握も重要であるが、学習者が全体的にどのように自己調整学習に従事しているかを把握する必要性もあると考えられる。以下に、自己調整学習の 3 つの段階の循環を踏まえて開発された質問紙開発に関する他分野での先行研究の例を挙げる。

　Toering, Elferink-Gemser, Jonker, van Heuvelen, and Visscher（2012）は、学習全般に関する尺度開発を行っている。自己調整学習の循環プロセスをもとに「計画」「自己モニタリング」「自己評価」「振り返り」という 4 つの変数を想定し、さらに認知的およびメタ認知的方略使用の程度は動機づけと相関しているという先行研究結果を踏まえ、動機づけられた結果として表出する「努力」と「自己効力感」という 2 変数を加えている。11 歳から 17 歳の約 600 人に予備調査として、またほぼ同数の学習者に本調査としてアンケートを 2 回実施し、確認的因子分析の結果、予見段階の変数として「計画」と「自己効力感」、遂行段階の変数として「自己モニタリング」と「努力」、自己省察段階の変数として「自己評価」と「振り返り」の合計 6 因子を抽出している。

　幾留・中本・森・藤田（2017）は、Toering et al.（2012）を参考に体育教育に関する質問紙を作成し、日本の 3 つの大学の体育系学部に所属する 567 人にアンケートを実施している。探索的因子分析の結果、「自己評価と」「振り返り」を一因子にまとめ、最終的に「計画」「自己効力感」「セルフモニタリング」「努力」「評価・内省」という 5 因子を提示している。また、尺度の妥当性を高めるために、508 名の体育学部系の学生を過去の競技成績に基づき 4 レベルで区分し（世界レベル、全国レベル、地区レベル、県以下）、見出された因

子の質問項目に関する平均値比較を行った。その結果、出場大会レベルが高い学生ほど、ほとんどの項目で平均値が有意に高いことが示された。この結果は、運動能力と自己調整学習能力は比例の関係にあるという Clearly and Zimmerman（2001）の先行研究と一致することから、開発した尺度には妥当性があるとする見解を示している。

　上記に挙げた先行研究のほか、日本では主に心理学分野で自己調整学習に関する尺度が複数開発されているが（例：伊藤・神藤，2003；玉木・伊藤，2003；山田・堀・國田・中條，2009）、これらは自己調整学習方略使用や自己効力感の捕捉に焦点が絞られたものである。本書では学習者の自己調整学習の 3 段階とそのプロセスの全体的な作用の把握を念頭に、第 4 章で主に Toering ら（2012）と幾留ら（2017）を参考に尺度の開発を行う。

## 第 6 節　先行研究のまとめと研究課題

### 1．先行研究から得られた成果と限界点

　上記の先行研究の概観を通して、第二言語習得（外国語学習）研究においては、1）自己調整力や自己調整学習は、長期にわたる言語学習においては非常に重要な要素だと考えられるようになってきていること、2）自己調整学習の方略指導に関しては調査が進んでおり、方略指導することで学習者の使用方略や自己効力感が向上すること、3）自己調整学習理論に基づく動機づけストラテジーにより学習者の動機づけが向上すること、そして、4）形成的フィードバックは学習者の学習プロセスに関与し、自己調整学習のプロセスに沿う情報を含むという特徴を持つことから、自己調整学習と動機づけを促進する可能性があることが確認された。これらを踏まえ、先行研究の課題として以下の 3 点を指摘する。

①第二言語習得研究において、自己調整学習理論を基にした動機づけ方略による動機づけの効果に関する検証はなされているが、自己調整学習サイクルへの作用や自己調整レベルの発展への作用という観点からは検証がなされていない。

②第二言語習得研究における自己調整学習に関する研究では、自己調整学習

の促進に必要だと考えられている形成的フィードバックの影響が検証され
ていない。

③第二言語習得研究における自己調整学習の研究および動機づけ方略研究に
おいて、英語を苦手とする学習者に対する研究がほとんどなされていな
い。

## 2. 研究課題の設定

これらの先行研究の課題を受け、本書では以下の3点を研究課題として挙げ
る。

(1) 学習者に一定期間、学習課題に関する形成的フィードバックを教師から
継続的に与えると、彼らの自己調整学習はどのようなプロセスを辿り、
どのように変化するのか。

(2) 形成的フィードバックのある授業を一定期間受けることによって、学習
者の英語学習における自己調整学習を評価する自己調整学習尺度の結果
にどのような変化が見られるのか。

(3) 形成的フィードバックのある授業によって、学習者の学習課題に対する
パフォーマンスに変化は見られるのか。

本書では、上記課題③に挙げた状況に鑑みて、英語に苦手意識を持つ学習者
を対象とする。

# 第3章　学習者の課題取り組みに対する形成的フィードバックの作用に関する質的研究

　形成的フィードバックは、学習意欲が低下したり行き詰まっていたりする学習者の自己調整学習力を育成する際に必要な指導の要素だと考えられているが、外国語学習研究においてその効果を検証した研究は管見の限り見当たらない。そこで本章では、英語に苦手意識を持つ学習者に継続的に形成的フィードバックがある授業を一定期間施した場合、彼らの学習にどのような変化が生じるか、質的調査を通して把握することを目的とする。

## 第1節　方法

### 1.　参加者

　本調査への参加者は、教養科目の英語を受講する1クラス28名の中の7名であった。調査を実施した大学では、年度始めに行っている英語プレースメントテスト（CASEC：満点1000点）の結果によって習熟度別にクラス分けをしており、調査を行ったクラスはTOEIC換算で300点程度の英語力の学生が履修するクラスだった。7名の学生はこの英語授業のあとに受講する授業がなく、リフレクションシートに記述した内容に関して教師と対話する時間があるという13名の中から無作為に選ばれた。3名の男子学生コウ、タイ、ユウと、4名の女子学生ナツ、ナナ、チズ、マリ（すべて仮名）であった。初回授業での英語学習に関するアンケートによると、参加者7名とも大学での英語学習の主な目的は単位を取ることで、また、過去5,6年の間に英検やTOEICなどの外部試験に挑戦したことがない学習者だった。外部試験を受けていない理由として、全員が英語に対する苦手意識を挙げていた。プレースメントテストにおける7名の平均値は372点（TOEIC換算：295点、SD: 29.2）であり、実際に大学生に期待される英語力に届いていないことが確認された。参加者には本調査の趣旨を説明し、全員から参加者となることに同意を得た。

## 2. 調査の内容

　この調査は、後期の 15 週間にわたり開講されている教養科目の英語授業の中で行われたため、大学指定の教科書を用い、科目に求められている目的（リーディング能力の向上）に沿う取り組み課題で調査を実施する必要があった。また、調査の目的上、学習者の努力や学習時間に比例してパフォーマンスに変化が表れやすく、調査側の立場としてその変化を捉えやすい課題を設定する必要もあった。そこで本調査での取り組み課題は、指定教科書の各ユニットに載っている英語長文を用いた音読とした。本調査を行うクラスの受講者の大半が、初見の英文をある一定のスピードで、そしてある程度の発音で音読しながら内容を理解することができないという状況にあることを前期の授業で把握していたため、その観点からもこの取り組み課題は科目と本調査の目的に見合うものだと判断した。

　具体的な課題内容は、教科書に付いているネイティブスピーカーによるモデル音声を聞きながら英語長文の音読練習をすることと、その際に英文の内容をしっかり理解することであった。これらは授業外学修として課した。自己調整学習では、設定した目標達成のために必要な行動、方法、動機づけを学習者がコントロールしていくことが肝要である。そこで、この課題を通して目指すべきことを認識させるために、音読力の測定を扱った宮迫（2002）を参考に、スピード、発音、区切り、イントネーション、内容理解の5項目に関する5段階のルーブリックを提示した（表4）。合わせて、学期末までにすべての項目で4以上になることが授業の達成目標に含まれていることを伝え、受講者には最終授業までに達成目標に届くよう短期目標と計画を立て、ネイティブスピーカーの音声を継続的に聴きながら練習するように話した。そして、学習プロセスに関わる形成的フィードバックの特徴を踏まえ、2週間おきに彼らの音読をルーブリックで評価し、現状の音読、現状を踏まえた目標、目標達成のための方法などについてフィードバックを与えた。ルーブリックでの評価では、教科書付属のネイティブスピーカーの音声を基準とした。スピードや区切りの位置、イントネーションなどは、何度も聴いて練習することで本調査の受講者でもモデルの音読に近づけることが可能だと推測したこともあり、課題としてこのタス

表4　音読チェックのルーブリック

|  | スピード | 発音 | 区切り | イントネーション | 理解 |
|---|---|---|---|---|---|
| 5 | ±1秒 | 正確である | 同じである | 同じである | 5問正しい |
| 4 | ±2秒 | 異なる発音が1〜2ある | 異なる場所での区切りが1〜2 | 異なる文が1〜2 | 4問正しい |
| 3 | ±3秒 | 異なる発音が3〜4ある | 異なる場所での区切りが3〜4 | 異なる文が3〜4 | 3問正しい |
| 2 | ±4秒 | 異なる発音が5〜6ある | 異なる場所での区切りが5〜6 | 異なる文が5〜6 | 2問正しい |
| 1 | ±5秒以上 | 異なる発音が7以上ある | 異なる場所での区切りが7以上 | 異なる文が7以上 | 1問正しい |

クを設定したわけであるが、発音に関しては厳密な正確さ（曖昧母音やl/rの区別など）を評価の際には求めなかった。調査を開始する際に、大半の受講者が英語での音読をスムーズにできない状況であったことを踏まえ、例えば"obey"を［oubéɪ］ではなく「オビー」や"triumph"を［tráɪəmf］ではなく「トリウムプ」と読んだ場合は、ネイティブスピーカーの音声をちゃんと聞いていないと判断し減点要素としたが、「オーベイ」や「トライアンフ」のようにいわゆるカタカナ英語的な発音でも再現できている場合は可とした。

　先述したように本調査は大学の正課の中で実施したため、2週間ごとの音読チェックならびにフィードバックの提供は全受講者に行った。教室の一角にチェック用の机と椅子を設置し、そこに受講者は順番にやって来て音読チェックを受けた。音読の様子をほかの受講者に見られることが嫌な者もいると考え、机は教室後方に置いた。音読の素材はどれもほぼ1分前後の長さだったため、音読に1分程度、内容理解の問題出題に30秒程度、フィードバックに1分半程度で、受講者一人につきおおよそ3分を割いた。内容理解の問題はTrue/False形式で、複数パターン（5問×5パターン）を準備した。一人につき3分だとしても受講者全員に実施すると一講義ほぼ全部の時間（90分）が必要

であった。したがって、チェックを受ける以外の時間用に再来週までの授業に関するプリントを準備し、受講者には反転学習を行ってもらった。

受講者には本取り組み課題に関する目標や練習方法・内容などについて、毎週リフレクションカードに記述してもらった（図6）。本調査の対象となった7名の参加者には、毎週授業後に少し残ってもらい、リフレクションカードに書いた内容について確認をしながら話を聞いた。

## 3. データ収集

質的データを扱っている外国語学習に関する研究の多くは、全ての調査が終了した後に参加者に半構造化インタビューなどを実施し、回顧してもらいながらデータを収集している。本調査は学習者の学習プロセスに関わる形成的フィードバックの影響を捕捉することが目的であるため、参加者の経験や感情の正確性がなるべく損なわれないように、彼らには毎週リフレクションシートに記述してもらった。そして授業後に残ってもらい話を聞いた際に、シートに記述された以外の情報があった場合は、筆者が別に書き留めた。参加者のリフレクションシートへの記述内容は文書作成ソフトウェア WORD に打ち込み、総語数をカウントした。取り組み課題に対する形成的フィードバックの提供は第3週目の授業からであったが、リフレクションシートは初回授業から導入した。初回の授業では評価方法や基準、練習方法などについての説明のほか、個別音読チェックのデモンストレーションを示した。デモンストレーションでは、教師がよく見受けられる大学生の音読例を数パターン実演し、それぞれの場合の評価や改善方法などを示した。

## 4. 形成的フィードバックの内容と頻度
### 1）内容

自己調整学習における能動的な学習の重要要素である「自己効力感」「目標」「自己調整学習方略の使用」の3点、および形成的フィードバックに含まれる学習者の目標、目標に対する現状、目標達成の方法に関する情報を基本としたフィードバックを与えつつ、ディモチベーション要因の観点から自己決定と自己効力感の高まりを導くことを念頭に参加者と話した。また、形成的フィード

バックは「学習者が目標までのギャップを埋めることができる情報」となる必要があるため、彼らが実際に「やってみよう」と思える内容になるよう意見を交わした。この「意見を交わした」という部分については、フィードバックを与える際に終始気をつけた部分であった。「学習者の自己調整学習を促進させるフィードバックの7つの基本」（Nicol & Macfarlane-Dick, 2005）の中に、

図6　リフレクションシートの例1

「参加者に指導を与えるという姿勢ではなく対話するという姿勢が好ましい」
点が含まれているからである。以下に参加者 – 教師間の対話の例として、第6
週目の音読チェックでのパフォーマンスが終わった後の参加者タイのとのやり
とりを紹介する。


（タイの音読が終わる）

教師：うん、前回より<u>全体的に良かった</u>よ。それで、タイは最終的にすべての  ── 効力感の喚起
　　　評価項目で5段階中4を取ることを目標としているけれど、内容理解に
　　　関しては前回も今回も<u>即答</u>でほぼ完璧で、<u>しっかりと取り組んでいる</u>
　　　ね。 ── 学習方法の評価

タイ：あ、はい。ありがとうございます。

教師：そうであれば、この調子をキープするためにも、この点については最終
　　　<u>目標を5にしてはどう？</u> ── 適切な目標設定

タイ：え、んー、うれしいですが、最終チェックでもそうできるか自信がない
　　　です。

教師：そうか。でも、<u>今やっていることを続ければできると思うよ。</u> ── 効力感の喚起

タイ：わかりました。ちょっと考えてみます。

教師：<u>そうだね。</u>それから音読の部分についてなんだけど、ネイティブスピー  ── 自己決定の喚起
　　　カーより速く読んでいたね。

タイ：ありがとうございます。すごく練習したので。 ── 現状への認識

教師：そうだろうね、音読を聞いていてわかったよ。でも惜しかったのは、あ
　　　まりにも速く読みすぎていたから、イントネーションや間がほと
　　　んどなかったことかな。リスニング力を上げるためにも、自分が
　　　音読をするときにイントネーションや間に意識を払うのは<u>大切なこと</u>な
　　　んだよ。そうすると、リスニングをするときに意味のまとまりで聞ける
　　　ようになるから。 ── 目標設定・動機づけ
　　　（学習方法の評価）

タイ：そうなんですね。いや実際、ほとんどそういうところには意識を払って
　　　いなかったですね。どうやって練習したらいいかわからなくて。

教師：そうか。最初の授業で言ったけど、<u>お手本音声を聴きながらの練習はし</u>
　　　<u>た？</u> ── 現状への認識

タイ：いや、あんまり…。1 回かな…。

教師：なるほど。じゃあ、もっと音声を聴きながら練習するといいかな。それ
　　　で聴きながら、イントネーションが上がるようなマークとか（書いて見
　　　せる）、間があるところにスラッシュを入れてみるの（書いて見せる）。
　　　視覚的にマークがあると意識を払うでしょ、ないよりは。

　　　　　　　　　　　　　　　　　　　　　　　　　　　学習方法
　　　　　　　　　　　　　　　　　　　　　　　　　　　の 提 案・
　　　　　　　　　　　　　　　　　　　　　　　　　　　動機づけ

タイ：そうですね。わかりました。次回までに間とかイントネー
　　　ション、あと発音にも気をつけて練習してみます。

教師：そうだね。でも一気にいろいろしようとすると大変じゃない？まず次回
　　　は間を取ってみることからしてみたら？

タイ：そうですね。

　　　　　　　　　　目標設定・学習方法の提案・動機づけ

教師：うん、考えてみてね。

　　　　　　　　　　自己決定

　この参加者タイとの会話の後半部分にも表れているが、英語を苦手とする学
習者は現状より高い目標を設定してしまいがちである。タイの場合も、教師に
イントネーションや間のことを言及されたことを受け、「あれもこれもしてき
ます」ということをすぐに述べている。ところが彼は音読に非常に抵抗を持っ
ている状態からスタートしており、複数のことを一度にすることは、実際には
容易ではないと考えフィードバックを与えた。深く考えずに目標ややるべきこ
とを設定する傾向はほかの受講者にも散見された。竹内（2003）が、外国語学
習に成功する日本人学習者が適切な目標や計画を立てるのに対して、失敗する
学習者はそうではないと述べているが、後者のそのような特性を踏まえた上で

表 5　学習者の自己調整を促進させる形成的フィードバックの 7 つの基本（Nicol &
　　　Macfalane-Dick, 2005 を訳出）

1. 良いパフォーマンスがどのようなものか明確に理解させる。
2. 学習者が自分で自己評価や振り返りができる力を育成する。
3. 学習者の学習に関して質の高い情報を与える。
4. 学習者と対話する。
5. 動機づけや信念、自己評価が高まるように促す。
6. 学習者に現状のパフォーマンスと目標のギャップを縮める機会を与える。
7. 教師自身の指導が向上するための情報を得る。

の教育指導の必要性は高いと考える。

　上記の対話例の中にもフィードバックにおける観点を示したが、Nicol and Macfalane-Dick（2005）に示されている「学習者の自己調整学習を促進させるフィードバックの７つの基本」（表5）の１〜６について、本調査では全般的にどのようなことに留意し取り入れたかについて述べる。

１について：良いパフォーマンスがどういうものかデモンストレーションする。

　　音声を流しながら実際に教師が取り組み課題となる英文を音読してみせた。その際、良い例だけではなく、悪い例としてイントネーションが短調な読み方や、「えっと…」など何度も日本語を口にする読み方、うまく読めずに止めてしまう様子なども示し、そのような場合の対処法の例を伝えた。

２について：自己モニタリングや振り返りの観点が広がることを意図し、具体的に情報を提供する。良い点と改善点どちらについても、受講者があまり意識を払っていない部分に言及する。

　　フィードバックを与える際、「よかった」などの全体的な印象を伝えるだけではなく、「○○については完璧だったね」など具体的に情報や程度が伝わるようにした。参加者があまり気を留めていない点については、「○○の部分にも意識を払うといいのでは？」「○○の部分についてはどう思う？」など提案する言い方で、参加者に考えさせ自己調整を促すための助言という姿勢をとった。「○○にも意識を払いなさい」「全然○○していなかったでしょう」などの伝え方は、受講者の受け身スイッチを入れてしまうと考え避けた。

３について：学習者が目標までのギャップを縮めるための行動として、なるべく負担に思うことがなく、すぐに行えることを具体的に伝える。

　参加者に次回までにどのように練習するかを聞くと「わからない」と答えたり、逆にハードルの高い内容や目標を設定したりすることが多々あったため、その姿勢を尊重した上で、具体的で実行性のある方法を提案するようにした。

4について：学習者と対話する。

　机を挟んで向き合って座り参加者の話を聞きながら、一緒に改善策を見つけようという姿勢でフィードバックを与えた。Dörnyei（2001）において、最大のディモチベーションの要因が教師であったことも念頭に、決して一方的な視点でフィードバックを与えないよう留意した。

5について：動機づけや自己評価が高まるような話し方をする。

　特に音読の評価が振るわなかった場合、結果よりもどのような練習をしてきたかということに意識を払うように促した。自己調整がうまくできない学習者は、自己省察段階で結果のみを振り返る特性があるため、省察段階に至るまでの計画に対してどのように行動したか、計画をきちんと実施したかどうかを振り返らせるようにした。また、英語に苦手意識を持つ学習者のディモチベーション要因の一つに「学習に対する自信の減少」があり、失敗やできなかったことの原因として自分の能力に帰属させる傾向があるため、それを阻止することも意図した。実際、対話してみると、あまり良い評価が出ない時は練習や学習をほとんどしていないという事実が見出されたので、「だからこの結果であり、それは能力のせいではない」ことを認識させるように話した。そして、上記3. で述べたように、まず着手できることを一緒に考え、次回のチェックへの目標設定や計画、学習方法についてフィードバックを行った。

6について：フィードバック後にその後の取り組みの成果を示す機会を与える。

総括的フィードバックではなく、あくまで学習プロセスに関わる形成的フィードバックとなるために、フィードバックを与えて終わるのではなく、対話の中で共に考えた目標や学習方法がどうだったか、なんらかの進歩があったのかを示す機会を与えるようにした。それゆえに本調査では2週おきの音読チェックという機会を設定した。また、参加者から「音読を聞いてほしい」という依頼があればいつでも応じるようにした。

## 2）頻度

　　形成的フィードバックの提供がない状態での参加者の取り組み姿勢を把握するために、上記の音読チェックと形成的フィードバックの提供は第1回目と第2回目の授業には入れず、第3回目の授業から導入した。その後、第6回目、第9回目に実施し、第12回目と第15回目は音読チェックのみを行った。第12回目と第15回目に対話をしながらのフィードバックを与えなかったのは、それまでに施した教育的介入を中止した場合、参加者がどのような行動をとるかを把握するためであった。

## 5．分析方法

　　参加者の課題に取り組む姿勢や感情の変容を捉えるために、調査の分析には1）コーディングと2）複線径路・等至性モデル（Trajectory Equifinality Model: TEM）（荒川・安田・サトウ, 2012; 安田・サトウ, 2012）の2つの質

表6　リフレクションシートの文言の切片化の例

| 段階（プロセス） | 記述の切片化（授業回） |
|---|---|
| 予見段階<br>（目標設定） | コウ：次回は英語のイントネーションに気をつけながら音読する。（第5回目） |
| 遂行段階<br>（方略） | チズ：発音が良くなるように、英文の単語の上に自分オリジナルのマークをつけてみた。（第7回目） |
| 自己省察段階<br>（原因帰属） | マリ：音読も宿題も十分にしていなかったので、授業中に眠くなってしまった。（第4回目） |

的分析法を用いた。

## 1）コーディング

　WORD に入力されたリフレクションシートへの記述は、Zimmerman（2008）の自己調整学習の 3 段階とプロセスに照らして、1 つのプロセスとしてまとまりのある単位に区分された（切片化）。その例を表 6 に挙げる。その後、プロセス数の推移を視覚的に捉えるために、各段階に区分されたプロセスを授業回ごとに「｜」のマークでリストに記入した（表 9）。

## 2）TEM

　TEM は比較的新しい質的研究法で、社会的な影響を受けながら進行する人生や発達の径路を不可逆的な時間の流れに沿って描くことを目的としている。教師からの形成的フィードバックは学習者にとって社会的な影響と見なすことができ、その性質上、その効果は経時的に生じると想定されるため本研究の趣旨に合っていると判断し、分析手段として採用した。

　ここで TEM について概説する。TEM では人の選択や経験の径路は単線ではなく複数あるが、末広がりに広がるわけでもなく、社会的・文化的影響などによって収束していくポイントがあると考えられている。収束するポイントとして、例えば「受験する」や「結婚する」などの人生の大きな行事はもちろん、日常的なことで言えば「誰かと友達になる」とか「書店で購入する本を決定する」などがある。そのようなポイントは「等至点」（Equifinality Point: EFP）として概念化されている。等至点は数分で辿り着くものから、数年かかるものまである。その等至点に向かうまでに、決して戻ることのない非可逆的時間の中で径路が分かれる点は「分岐点」（Bifurcation Point: BFP）と表される。同じ等至点であっても、そこに至るまでには複線の径路があるため「複線径路」（Trajectory）と呼ばれる。また、個人の行動や選択に抑制的にかかる社会的・文化的力を「社会的方向付け」（Social Direction: SD）、援助的な力を「社会的ガイド」（Social Guide; SG）、ある状態、状況になるためにほとんどの人が通らなければならない、または通ることになるポイントを「必須通過点」（Obligatory Passage Point: OPP）として表す。OPP には SD が関係すること

表7　分析対象者数による TEM 分析の利点

| 分析対象者数 | 利点 |
|---|---|
| 1人 | 個人の径路の深みを探ることができる |
| 4 ± 1人 | 経験の多様性を描くことができる |
| 9 ± 2人 | 径路の類型を把握することができる |

が多い。そして分析においては、研究者が偏った分析視点を持たず、当事者の多様な有様を担保するために「両極化した等至点」（Polarized Equifinality Point: P-EFP）を設定することが必要となる。これらのポイントや影響力を設定した上で分析のための枠組みを作り、それに基づいて TEM 図を描写することにより分析を行う。また、TEM は分析対象の人数によってその利点が異なるとされている。表7に対象者数とそれぞれの利点をまとめる。

　本調査では、形成的フィードバックを受けた参加者の学習における変容パターンを把握するために7名の参加者を対象とした。

3）TEM 分析のための枠組みの設定

　本調査での TEM 分析の枠組みは、コーディング分析で切片化した情報を基に作成した。まず、7名の参加者別に切片化された情報を時系列に並べる作業を行った（図7）。図7と図8における「プロセス」という語は、表6で例示したプロセスと一致し、学習者が取った行動や経験したこと、感情などが含まれるものである。

　その後、各参加者のプロセスの発生順を保持したまま、類似の経験（例：新しい学習方法の取り入れ、短期目標の設定など）や感情（例：効力感が増す、戸惑いを感じるなど）を同列に配置し、ラベルを貼る作業を行った（図8）。TEM のこの作業を行う際、あるプロセスが生じたカレンダー上の暦は考慮される必要がなく、各参加者における発生の順序が重要視される。

　このようにして44のラベルを作成し、あるラベルの事柄を経験した人数と自己調整学習プロセスにおける必然性の観点から、BFP（分岐点）として22個、OPP（必須通過点）として3個、BFP × OPP として1個、SG（社会的ガイド）として4個、SD（社会的方向付け）として5個のラベルに区別した。本調査

表 8　本調査における TEM のフレームワークとラベル名

| フレームワーク | 本調査におけるラベル名 |
|---|---|
| EFP | 学習者が取り組み課題に対して循環的な自己調整学習をし始める。 |
| P-EFP | 学習者が取り組み課題に対して循環的な自己調整学習をし始めるようにならない。 |
| BFP | ・リフレクションシートに英語力向上への期待を書き、自分で音読練習をやってみる。<br>・取り組み課題に前向きな姿勢で授業に出る。<br>・新しい学習方法を取り入れ、前より少し一生懸命取り組む。<br>・練習を通して英語力が不足していることを認識する。<br>・頑張って課題に取り組む。<br>・しようと思いながらも、課題に取り組まない。<br>・できなかったことができるようになったことに気づく。<br>・教師フィードバックを基に、取り組み課題に対する問題点だけでなく、向上点も認めるようになる。次の目標と計画を立てる。<br>・ついに取り組み課題の目的を理解し、周りの学習者がやっているような学習活動に取り組むようになる。<br>・授業外での学習時間が増える。<br>・英語の音読がうまくできるようになったこと、および内容理解が早くなったことに気づく。<br>・教師フィードバックを聞く前に、自分の音読の問題点と向上点を振り返る。<br>・教師フィードバックを聞き、自己効力感を実感する。<br>・授業外で課題に取り組む時間が増える。<br>・取り組み課題における問題が解決しないにも関わらず、同じ学習方法を繰り返す。<br>・自分の音読について、授業外での練習時にもしっかりモニターし、調整を行う。一生懸命練習する。(\*1-1, \*1-2)<br>・取り組み課題に対して、強く自己効力感を感じる。(\*2-1, \*2-2, \*2-3)<br>・計画通りに学習や練習をしない。<br>・音読チェックで予想外の評価をもらい、どうしたらよいか教師に助言を求める。<br>・周囲の友人が満足いく音読を見せる中、全く上手に読めない。<br>・準備不足を後悔する。<br>・自分の学習を振り返る。次のチェックに向けて、練習方法を考え、目標を定める。 |

| OPP | ・クラス分けされた必修の英語の授業に出席する。登録クラスで音読チェックとフィードバックの提供があることを知る。<br>・受動的姿勢で授業に出席する。リフレクションシートには簡単な感想のみを書く。<br>・リフレクションシートに漠然とした計画や表層的な希望を書く。 |
|---|---|
| OPP&BFP | ・取り組み課題の目的を理解し、自分の音読の問題点を振り返る。教師フィードバックを受け、次回チェックまでの目標を立てる。 |
| SG | ・取り組み課題についての教師の話<br>・教師からの音読チェックとフィードバック<br>・友人の取り組み姿勢<br>・音読チェックの結果 |
| SD | ・カリキュラムによる履修<br>・英語の授業と学習方法に対する固定観念<br>・固定化した英語の学習方法<br>・クラブ活動<br>・専門科目での宿題 |

図7　TEM の分析（切片化された情報の時系列での配置）

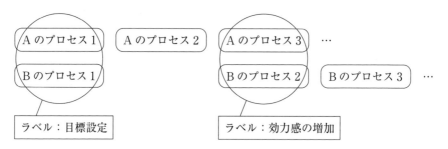

図8　TEM の分析（ラベルの作成）

での EFP（等至点）は「学習者が取り組み課題に対して循環的な自己調整学習をし始める」と設定し、P-EFP は EFP の反対概念として、「学習者が取り組み課題に対して循環的な自己調整学習をし始めるようにならない」とした。表 8 に全ラベルを示すが、複数の径路のラベルがあるため時系列での順序にはなっていないこと、また表 8 と TEM 図において、文脈を考慮した上で同じプロセス（内容）だと判断したものは 1 つの BFP として数えていることを記しておく（例：TEM 図中の *1-1 と *1-2 は同類と判断）。

## 第 2 節　結果と考察

### 1.　コーディング分析の結果

　表 9 に示すように、第 1 回目と 2 回目の授業時のリフレクションシートに表出したプロセスの切片数は非常に少なく断片的であった。予見段階や自己省察段階に切片のマークがついている者がいるが、実際の記述内容は、授業や音読に対する表層的な感想や真剣さが感じられない計画という内容に留まるものであった。

　　ナナ：夏休みが終わって 2 か月ぶりに英語を勉強した。難しかった。
　　　　（第 1 回目）
　　ユウ：知らない単語ばかりだった。頑張りたい。（第 1 回目）
　　コウ：授業では友達と訳をとった。（第 1 回目）
　　　　自分には早く英語を読むのは無理だ。（第 2 回目）

　また表 9 を見ると調査開始時においては、彼らが取ったプロセスに偏りがあることもわかる。例えば、第 1 回、2 回目の授業において、ナナ、マリ、コウ、ユウは遂行段階のみに、または遂行段階と自己省察段階のみだけに切片のマークがついている。このように予見段階に関する記述がないというのは、彼らが次回の授業またはこの授業に対して目標や学習計画、動機づけなどを考えていないことを表しており、授業外でほとんど音読練習や学習をすることなく次の授業に出る意識や状態であると考えられる。

　1 回目の音読チェックとフィードバックを実施した第 3 回目授業時あとの第

4回目の切片数に注目すると、チズを除く参加者が自己調整学習の3段階すべてにマークが入っているのが確認できる。2回目の音読チェックとフィードバックの提供を実施した第6回目以降には、それぞれの段階においてほとんど2、3個のマークが入っている。さらに、当初、リフレクションシートに記述された総語数は平均30語前後であったが、終盤には自分の学習について詳細

表9　コーディング結果

| 授業回 | | 1 | 2 | 3 | 4 | 5 | 6 | 7 | 8 | 9 | 10 | 12 | 13 | 15 |
|---|---|---|---|---|---|---|---|---|---|---|---|---|---|---|
| ナツ | 予見 | | | | | | | | | | | | | |
| | 遂行 | | | | | | | | | | | | | |
| | 省察 | | | | | | | | | | | | | |
| ナナ | 予見 | | | | | | | | | | | | | |
| | 遂行 | | | | | | | | | | | | | |
| | 省察 | | | | | | | | | | | | | |
| チズ | 予見 | | | | | | | | | | | | | |
| | 遂行 | | | | | | | | | | | | | |
| | 省察 | | | | | | | | | | | | | |

| 授業回 | | 1 | 2 | 3 | 4 | 5 | 6 | 7 | 8 | 9 | 10 | 12 | 13 | 15 |
|---|---|---|---|---|---|---|---|---|---|---|---|---|---|---|
| マリ | 予見 | | | | | | | | | | | | | |
| | 遂行 | | | | | | | | | | | | | |
| | 省察 | | | | | | | | | | | | | |
| コウ | 予見 | | | | | | | | | | | | | |
| | 遂行 | | | | | | | | | | | | | |
| | 省察 | | | | | | | | | | | | | |
| タイ | 予見 | | | | | | | | | | | | | |
| | 遂行 | | | | | | | | | | | | | |
| | 省察 | | | | | | | | | | | | | |
| ユウ | 予見 | | | | | | | | | | | | | |
| | 遂行 | | | | | | | | | | | | | |
| | 省察 | | | | | | | | | | | | | |

＊音読チェックは網掛けのある授業回で実施
＊マークがない回は参加者欠席のため

に記述する者が増え、300 語を超える記述も見受けられるようになった。

## 2.　TEM 分析の結果

　本調査の TEM の解釈においては、荒川・安田・サトウ（2012）および安田・サトウ（2012）にある手順に従い、BFP（分岐点）、OPP（必須通過点）、SG（社会的ガイダンス）、SD（社会的方向づけ）というラベルに基づく期分けをし、考察を行った。あるラベルから1つまたは複数のラベルが生じるわけだが、その連続性や関連性の観点と新しい動きや様子の出現の観点から、漸次的な自己調整学習の進展を4つの期にわけることにした。第1期は「英語授業と学習への受動的姿勢」、第2期は「自己調整学習プロセスの経験のはじまり」、第3期は「モニタリングの視点の広がり」、そして第4期は「自主的な自己調整学習の開始」である。以下、TEM 図のフローに基づき（図9、10、11）、学習者の様子を期ごとに説明する。

⑴　第1期：英語授業と学習への受動的姿勢

　参加者は所属する大学からプレースメントテストを受けるよう指示され（SD）、その結果に基づき振り分けられた英語の授業を受講することとなった（OPP）。初回の授業で、受講するクラスでは定期的に教師の音読チェックがあることを知り、今まで経験してきた授業とは異なる形態の授業に期待感や困惑、緊張感などを抱いた（OPP）。この頃の参加者との授業後の対話では、「授業に出席して先生の説明を聞いて問題を解けば単位がもらえると思っていたので、今回少し違う感じで緊張します」（SD: 英語授業に対する固定したイメージ）といったコメントが聞かれた。また、初回授業において、リフレクションシートを導入する目的は自分自身の学習を振り返り、音読が向上するような計画を立てて取り組むことだと受講者に説明したが、この時期のリフレクションシートには「頑張りたい」など、実質的な計画がない表層的な文言が見られた。自分の音読スキルが向上するためにはどうしたらいいのかという観点から振り返ったり計画を立てたりする気持ち、つまり自己調整学習をする意識はほとんど所持していなかったと考えられる。しかしながら、ナナ、ナツ、タイは、教師が繰り返し話す授業の目的や内容（SD）を聞くうちに、頑張って取

り組めば自分の英語力が伸びるかもしれないという期待感を持つようになり、リフレクションシートにも前向きなコメントを書き始め、自分で音読の練習を始めるようになった（BFP）。他方、他の参加者は差し当たりのコメントを記述し続けた（OPP）。

(2) 第2期：自己調整学習プロセスの経験の始まり

　チズを除く参加者は、第1回目の音読チェックと教師との対話で形成的フィードバックを受けることによって（SG）、取り組み課題の目的を理解し、音読における自分の問題点を振り返り次回の音読チェックまでの具体的な短期目標を設定するという行動をとるようになった（BFP）。しかしながら、このBFPでは教師からのフィードバックによって彼らが短期目標を設定した部分があるためOPPの要素も含んでいると考えられる。よって、TEM図にはBFP&OPPという表記をしている。

タイ：先生から言われて、自分が英語を読むときに抑揚が無くボソボソつぶやくように読んでいることに初めて気づいた。それは英語のリスニング力やスピーキング力の向上にあまりよくないことがわかった。アドバイスされたようにお手本の音声を聞きながらの練習をしてみようと思う。(3週目)

　1回目の音読チェックとフィードバックの提供後、学習方法を工夫したり授業外での学習時間を持つようになったりと（BFP）、ほとんどの参加者が前向きな姿勢で授業に出るようになった（BFP）。一方、このような学習をすることで自分の英語力の無さを実感し落胆する参加者もいた（BFP）。しかしながら、友人の取り組みに刺激を受け（SG）、音読練習を止めるのではなく継続した。これらの一連の流れは、参加者がメタ認知的に、行動的に、動機づけ的に自分を調整しようとし始めるようになったことを表していると考えられる。そして、次第に彼らは当初はできなかったこと（一定のスピードで音読をするなど）をできるようになっていることを自覚するようになった（BFP）。

　しかしながら、マリにおいては音読練習を通して自分の英語力の無さに気づ

くことによって意欲が減退し、自分で計画していたほど音読練習をしなくなった。また彼女は全国大会にも出場するようなクラブに所属しており、その練習による疲労（SD）によって英語学習までたどり着けない状態になっていたことがリフレクションシートと対話から確認できた。チズは他の者が前向きで具体的なコメントを書くようになり始めていたのに対し、一人あいまいな目標や希望的コメントを書き続けた（OPP）。この頃の彼女との対話では、今まで出席さえしておけばどうにかなった授業（SD）と今回の授業が異なることにいまだ困惑している気持ちが聞かれた。

チズ：音読は難しい。うまく読めない。（4週目）

(3)　第3期：モニタリングの視点の広がり

　2回目の形成的フィードバック（SG）を与えた後、つまり調査の開始から7週間経った頃、ほとんどの参加者は自分の音読に対していろいろな角度からモニタリングし、自分の課題取り組みをコントロールし始めるようになった。彼らは教師からのフィードバックを基に、自分のできないところだけではなく良いところや向上した点についてもリフレクションシートに書くようになり、それを踏まえて次の目標を設定した（BFP）。自分の良い点を書くというのはそれまでの2期間ではほぼなかったことであり、注目すべき変化であると考える。「やればできる」という認識を徐々に持つようになったことがこの変化に影響を与えたと考えられる。さらに彼らは、Pintrich（2004）が自己調整学習の顕著な表れと言及する学習スケジュールを立案するようになっており、これによって教室外での学習時間が大きく伸びた（BFP）。調査開始時には「時間がない」や「バイトや他教科の課題で忙しくて、英語の音読までできない」という声が聞かれていたが、この時期には「すきま時間で練習する」や「通学の電車内で音声を聴く」などの学習時間確保のための具体的な計画が聞かれるようになった。これらの行動により、彼らは取り組み課題の英文を当初よりかなり上手く音読できるようになり、内容を即座に理解することができるようになっていることを実感するようになった（BFP）。

マリ：先生に私がきちんと準備していなかった部分をピンポイントで指摘され
　　　て気まずく思ったけれど、そのことでもっとちゃんとやらなきゃと思い
　　　ました。でも、ネイティブの音読スピードより遅くならないように何度
　　　も練習してできるようになって、それはとてもうれしかったです。（6
　　　週目）


　　2回目の音読チェックと形成的フィードバックの提供後、チズもようやく授
業の目的を理解し、他の学習者が経てきた径路と同様の径路を辿る学習に取り
組むようになった。


チズ：2回目のチェックで先生と話して、何をしたらいいか、気をつけること
　　　は何かがやっとわかった。今度は音声を聴きながら（イントネーション
　　　が）上がったり下がったりすることころを注意して書き込んで練習して
　　　みます。（6週目）

(4)　第4期：自主的な自己調整学習の開始
　　調査9週目に実施した3回目の音読チェックと形成的フィードバックの提供
において、ほとんどの参加者が音読を終えた後、教師がコメントを与える前に
自分で問題点と改善点を言うという状況が見られた（BFP）。チェックでの音
読を終えるや否や、「あー、この部分ミスった」と悔しそうにする様子を見せ
たり、納得いく音読ができたときは椅子から立ち上がりながら「よしOK！前
回クリアできなかったところができていましたよね？」と教師に確認したりす
る様子があった。そして教師からの評価とフィードバックを聞いて、自己評価
が大体正しく、自分が感じていた効力感を信じていいのだと安心するような言
葉が聞かれるようになった。このような参加者の変化を踏まえると、第4期あ
たりで教師のフィードバックの役割も変わるべきなのではないかと考える。そ
れまでは教師のフィードバックの役割は効果的な学習のためにどのように行動
や動機づけを調整すべきか、例を挙げながら具体的に助言することであった
が、この時期あたりからは参加者に彼らのパフォーマンスが向上したことを保
証し安心させる役割に比重が移行したと考える。彼らは自ら次のチェックまで

の目標を立て、学習時間を確保し取り組むようになった（BFP）。言葉や態度から、コウ、ナナ、タイは自分自身で自分の学習をしっかりとモニターした上で調整するようになり（BFP）、それに伴い取り組み課題への自己効力感を非常に感じるようになったことが窺えた（BFP）。彼らはメタ認知、動機づけ、そして行動の側面で能動的に課題に取り組むようになっており、これはZimmerman（1989）の自己調整学習の定義に見合う状態であると考えられた。従って、この3名についてはこの時点でEFPに到達したと判断した。

タイ：発音するのが自分にとって難しい語のタイプがあることがわかったので、文章全体を何度も音読練習するよりその単語がある英文を集中的に練習したほうがいいかなと思いました。でも、以前よりかなりスラスラと読めるようになっていると思います。（9週目）

　一方、チズ、ユウ、マリの自己調整学習のプロセスは、個人的なSD（これまで自分が行ってきた学習方法が一番いいという信念、他教科の課題、クラブ活動など）のため再び中断した。しかしながら、チズは彼女の想定より低い音読の評価を受けたあとその理由を教師に聞き、不足部分の改善方法について教師にアドバイスを求め、どうにか問題点をクリアするよう努めようとした。必要に応じてアドバイスやサポートを他人に求めるという行動は、自己調整学習の1つの特徴である（Pintrich, 2004）。マリについてはクラブ活動を優先させ、1、2週間、計画通りに課題に取り組まない期間が再び生じたが、前回とは異なってすきま時間（例：クラブ活動の練習が始まるまで／通学の電車の中）などに課題練習をするように計画を立てなおし、それを行うように心がける様子が見られた。クラブ活動を優先しすぎて取り組み課題に面倒くさいという感情を持つのではなく、やれる範囲で頑張ろうとする行動は動機づけの側面のコントロールによるものだと考えられる。その後に行われた音読チェックで（SG）、マリとナツは目標以上の評価を得ることができ（BFP）、そのことで自己効力感や満足感を感じたらしく、リフレクションシートにその気持ちを記述するとともに教師との対話でもその感情を表した。この時点で、この二人もEFPに到達したと判断した。

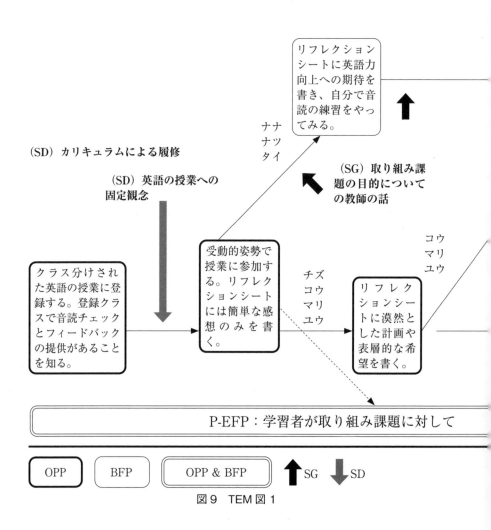

図9　TEM図1

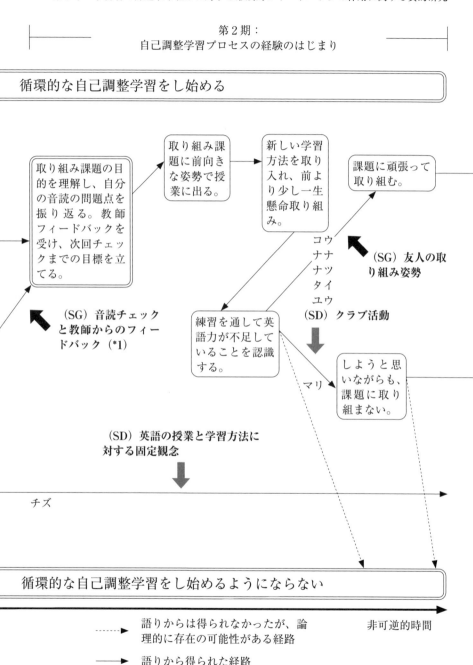

第 2 期：
自己調整学習プロセスの経験のはじまり

循環的な自己調整学習をし始める

取り組み課題の目的を理解し、自分の音読の問題点を振り返る。教師フィードバックを受け、次回チェックまでの目標を立てる。

取り組み課題に前向きな姿勢で授業に出る。

新しい学習方法を取り入れ、前より少し一生懸命取り組み。

課題に頑張って取り組む。

コウナナツタイユウ

（SG）友人の取り組み姿勢

（SG）音読チェックと教師からのフィードバック（*1）

練習を通して英語力が不足していることを認識する。

（SD）クラブ活動

マリ

しようと思いながらも、課題に取り組まない。

（SD）英語の授業と学習方法に対する固定観念

チズ

循環的な自己調整学習をし始めるようにならない

非可逆的時間

- - - → 語りからは得られなかったが、論理的に存在の可能性がある経路

───→ 語りから得られた経路

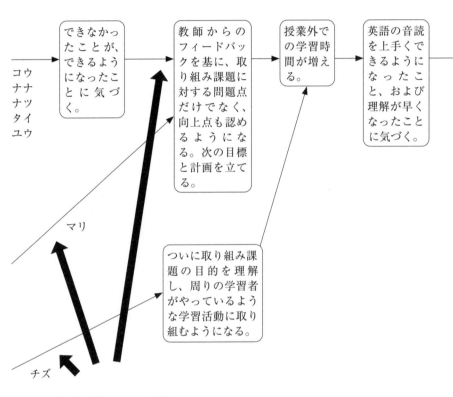

第3期：
モニタリングの視点の広がり

EFP：学習者が取り組み課題に対して

コウ
ナナ
ツタ
タイ
ユウ

できなかっ
たことが、
できるよう
になったこ
とに気づ
く。

教師からの
フィードバッ
クを基に、取
り組み課題に
対する問題点
だけでなく、
向上点も認め
るようにな
る。次の目標
と計画を立て
る。

授業外で
の学習時
間が増え
る。

英語の音読
を上手くで
きるように
なったこ
と、および
理解が早く
なったこと
に気づく。

マリ

ついに取り組み課
題の目的を理解
し、周りの学習者
がやっているよう
な学習活動に取り
組むようになる。

チズ

（SG）音読チェックと教
師からのフィードバック

P-EFP：学習者が取り組み課題に対して

図10　TEM図2

第4期：
自主的な自己調整学習の開始

循環的な自己調整学習をし始める

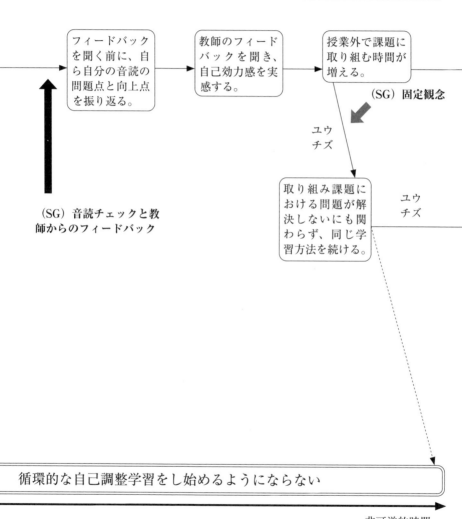

フィードバック
を聞く前に、自
ら自分の音読の
問題点と向上点
を振り返る。

教師のフィード
バックを聞き、
自己効力感を実
感する。

授業外で課題に
取り組む時間が
増える。

（SG）固定観念

ユウ
チズ

（SG）音読チェックと教
師からのフィードバック

取り組み課題に
おける問題が解
決しないにも関
わらず、同じ学
習方法を続ける。

ユウ
チズ

循環的な自己調整学習をし始めるようにならない

非可逆的時間

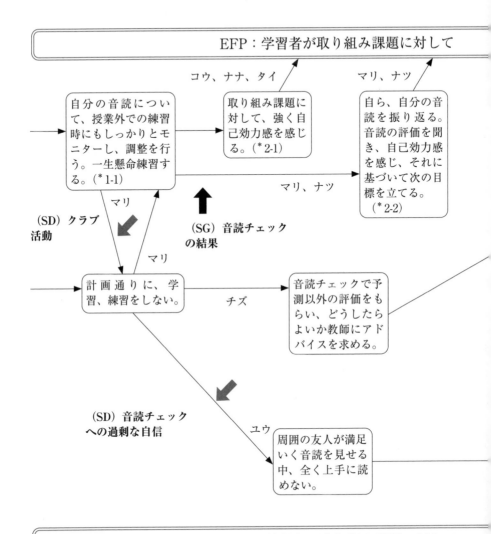

EFP：学習者が取り組み課題に対して

コウ、ナナ、タイ　　　　　　　　　マリ、ナツ

自分の音読について、授業外での練習時にもしっかりとモニターし、調整を行う。一生懸命練習する。(*1-1)

取り組み課題に対して、強く自己効力感を感じる。(*2-1)

自ら、自分の音読を振り返る。音読の評価を聞き、自己効力感を感じ、それに基づいて次の目標を立てる。(*2-2)

マリ

(SD) クラブ活動

(SG) 音読チェックの結果

マリ、ナツ

マリ

計画通りに、学習、練習をしない。

チズ

音読チェックで予測以外の評価をもらい、どうしたらよいか教師にアドバイスを求める。

(SD) 音読チェックへの過剰な自信

ユウ

周囲の友人が満足いく音読を見せる中、全く上手に読めない。

P-EFP：学習者が取り組み課題に対して

図 11　TEM 図 3

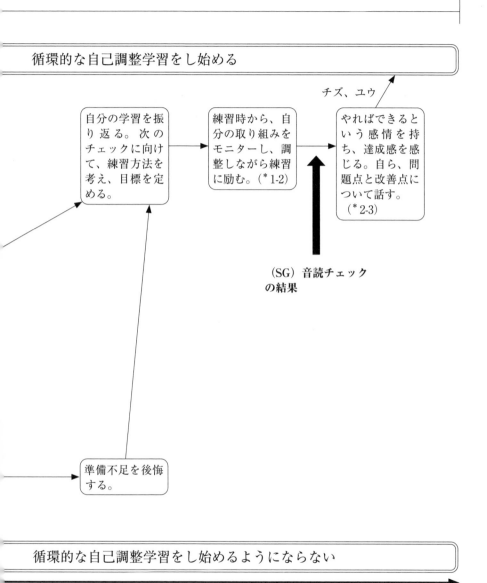

循環的な自己調整学習をし始める

チズ、ユウ

自分の学習を振り返る。次のチェックに向けて、練習方法を考え、目標を定める。

練習時から、自分の取り組みをモニターし、調整しながら練習に励む。(＊1-2)

やればできるという感情を持ち、達成感を感じる。自ら、問題点と改善点について話す。(＊2-3)

（SG）音読チェックの結果

準備不足を後悔する。

循環的な自己調整学習をし始めるようにならない

非可逆的時間

ナツ：今日の音読チェックのために、今までしたことがない新しい練習方法を
　　　取り入れてみました。それは音読するときに、間（ポーズ）に細心の注
　　　意を払うということです。今日はモデル音声と同じようにできてほぼ完
　　　璧でした。間を意識して取ってみることで、自分のイントネーションや
　　　発音がとても変わったと思います。先生からも良いコメントをもらえ
　　　て、とってもうれしいです。（12週目）

　一方、ユウは彼が所属する学科の専門教科の宿題やレポートに追われて
(SD)、英語の取り組み課題については最低限のことだけをするようになって
いた。それにもかかわらず、不思議と音読チェックには自信を見せていた。そ
の結果、仲の良い友人らが音読のパフォーマンスを上手くやり遂げ、「やっ
た！やっとできた！」と喜びを表す中、ユウはスムーズに音読できず、内容理
解の質問にも自信を持って答えることができず、当然のことながら12週目の
音読チェックでは望むような結果を得ることはできなかった（BFP）。彼は自
分の準備不足を後悔し、「同じ学科の周りの友達ができていることだから、自
分もちゃんとしないといけない」と話し（BFP）、自分の取り組み姿勢を改善
しようとした。次のチェックまでの授業時に、チズもユウも自主的に音読を聞
いてくれるよう教師のところに来てアドバイスを求めた。そして自分自身で達
成事項と改善すべき事項についてコメントをするようになった。その結果、15
週目の最後の音読チェックでは、二人とも彼らの目標をほぼ達成する評価を得
ることができた。チズとユウについては、ほかの参加者より効果的な自己調整
学習を始めるエンジンのかかりが遅く、それにより取り組み内容の充実度も他
と比べると浅いものである感は否めなかったが、調査開始時からの彼らの一連
の言動の変化を全体的に考えて、チズとユウはこの時点でEFPにたどり着い
たと判断した。

　参加者7名のEFPまでのプロセスを俯瞰してみると、自己調整学習が機能
していない状態から始動する状態に変化するポイントは、教師からの形成的フ
ィードバックを受けて彼らが授業や取り組み課題の目的を明確に理解すること
と、達成できる短期目標や計画を設定するようになることであったと考える。

その2つのポイントを経ると短期目標や計画の達成を通して効力感を感じるようになり、認知的、メタ認知的、行動的側面に対して自分自身で気づきを得ながら連続的に調整をするようになった様子が窺えたからである。

　他方、学期が始まる際の参加者の授業に対する志向性も、自己調整学習進展の径路に影響を与えていたと考えられる。調査開始時にチズ、コウ、マリ、ユウの4名は、英語の授業に対して学生は基本的に教師の話を聞き、指名されたときに応答するという固定的なイメージを強く持っていた。従って、本調査の授業のように一人一人音読を披露する機会があり、教師から個別のフィードバックをもらうという慣れない授業形態に触れたとき、すぐには受け入れられず前向きな姿勢を示さなかったと考える。そのような固定的な印象を英語の授業に強く持っていなかった3人ナナ、ナツ、タイは、チズたちよりも早くに本調査の授業に興味を示し、柔軟な姿勢で授業に臨んだ。一番先にEFPに辿り着いた3人の参加者にナナとタイが含まれたこと、一方ユウとチズの自己調整学習の進展がスムーズではなく最後にEFPに辿り着いたことも勘案すると、やはり学期開始時の授業に対する志向性がその後の径路を分ける一要因となったと言えよう。このことを2×2のマトリクスにまとめたものが表10である。

　調査開始時の振り返りシートへの記述内容や教師との対話を踏まえると、学期開始時の参加者はほとんど自己調整学習を行っていなかった状況にあったと考えられる。しかしながら、自分が行った音読練習に対して定期的にフィードバックを受けることで、自己調整学習の進展スピードに差はあったが、取り組み課題に対して自ら工夫しながら従事するようになり効力感を感じるようにな

表10　英語の授業に対する志向性と自己調整学習の進展による類型

| | | 自己調整学習の進展 | |
| --- | --- | --- | --- |
| | | 漸進的 | 断続的 |
| 英語の授業に対する志向性 | 柔軟的 | *タイプA*<br>姿勢柔軟・漸進型<br>（ナツ、ナナ、タイ） | *タイプB*<br>姿勢柔軟・断続型<br>／ |
| | 固定的 | *タイプC*<br>姿勢固定・漸進型<br>（コウ） | *タイプD*<br>姿勢固定・断続型<br>（チズ、マリ、ユウ） |

った様子が捉えられた。このことは、最終授業時の彼らのリフレクションシートへの文言からも裏付けられよう。

ナツ：初めての音読チェックに比べると、とてもうまく読めるようになったと思います。今はほぼネイティブスピーカーと同じように読むことができます（笑）。こういう風に読めるようになって、英語の音声を聞いて意味もとれるようになりました。先生が毎回一緒に練習方法を考えてくれてアドバイスをくれたので、頑張り続けることができたと思います。

ユウ：この授業に出て、苦手な英語のことでもやればできるんだというのがわかりました。先生と話しながら、できない英語を少しでもできるようにする解決策があるんだと初めて思いました。それがわかったので、途中挫折しそうになりましたが、やれることだけでもやろうと思い踏ん張ることができました。

ナナ：先生が私たちの発表を見て、できるようになったことを伝えてくれたり、フィードバックをくれたりする授業はとても良いと思います。これからは英語、頑張ります。

マリ：最初の頃に比べるとずいぶん英語の音読が変わったと感じます。自分で良くなったと思っていたことを先生からも言われるとやる気がでました。進歩したところを言ってもらえると「次も」「次こそ」と思えて頑張れました。

コウ：音読は上手くなったと感じている。イントネーションが良くなり、つまずかずに英文を読めるようになった。最初は発音がわからないと読むのをあきらめていたが、何度も音声を聴いて練習することで自然と言えるようになった。英語の資格テストにも挑戦してみようと考えている。

## 第3節　まとめ

　形成的フィードバックによって、英語に苦手意識を持つ学習者のほとんど作動していなかった自己調整学習が起動し、自分自身で効果的に課題に取り組むように変化するプロセスがコーディングと TEM による質的研究によって捉えられた。そして、その変容のプロセスは一様ではなく、学期が始まる時点での

英語の授業に対する志向性と自己調整学習の進展のスピードの観点から4タイプに類型できることがわかった。学期開始時に「英語の授業には受身的に出席し、単位さえ取得できればよいという意識」を持っているか、「授業での活動に積極的に関わることで英語力が向上するかもしれないという意識」を持っているかという志向性によって、調査開始直後に参加者の径路はまず2つに分かれた。その後、形成的フィードバックを受けることで徐々にではあるが順調に効果的な自己調整学習をスタートできるようになる者と、授業や学習方法に対する強い固定観念や他教科での課題、クラブ活動といった内外の影響によって断続的に進展し、自己調整学習の始動および進捗が遅れる者にわかれた。

　また、本章の分析では、自己調整学習が機能していない状態から漸次的に発展するプロセスを4つの期に区分し捉えたが、次の期への移行には自己効力感の高まりがあったことが見出された。ある時期までは行っていなかったことを学習者がするようになるという変化が捉えられた時期に基づいて期分けを行ったのだが、第2期から第3期、そして第3期から第4期に進む際に、参加者からは必ず自己効力感の認識を表す言葉が聞かれた。このことは自己調整学習が行動やメタ認知などの側面だけではなく、動機づけの側面における向上とも相まって進展するというZimmerman（1989, 2008）の自己調整学習の考えに沿う現象が本調査でも確認されたといえる。

　最後に、参考までに彼らの英語力における変化の1つとして、学期終了時に受験したCASECのポストテストの点数を示したい。チズ以外は開始時のプレースメントテストの点数をかなり上回る点数を取り、7名の平均点は468点（SD: 42.0、TOEIC換算：370点）となった。チズだけはプレースメントテストの点数とほぼ同じ点数であった。この点数の向上と本調査での課題取り組みの間に直接の因果関係があると述べることはできないが、この向上は実際に起こったことで、その原因として1つとして推測されることは、テストに向かう彼らの気持ちや姿勢が本調査の前後で大きく異なったのではないかということである。プレースメントテストを受験したとき、彼らは英語学習について苦手意識が強く、授業に対しても受動的な姿勢であった。英語学習において何か新しく挑戦しようというような意欲的な気持ちはほぼ所持していなかった。しかしながら、授業を通してできなかったことが次第にできるようになるという経

験を積むことで、学期が終わるころには先述のようなコメントを残すほどに効力感を感じるようになった。ポストテストはその直後に受けている。半期 15 週間の授業を経ただけで 100 点近く点数が上がる実力がつくことは考えにくく、よって、彼らは最初からポストテストの点数を取れる力があったと考えるのが妥当かもしれない。プレースメントテストを受けた時は英語学習への意欲や自信が減少しており、テストにでさえ真剣に臨む姿勢や気持ちが低下していた可能性も推測できる。もしそうだとすれば、形成的フィードバックは英語に苦手意識を持っていたり、何となくやる気がわかなかったりする学習者の意欲や効力感の増進に非常に作用する指導方法であると考えることができる。補足として、このアチーブメントテストでの点数向上は調査への参加者以外の 14 名の受講者においても確認されたことを付け加える。つまり、この授業の受講者 28 名中 21 名がプレースメントテストの点数より向上し、クラス全体の平均点は学期初めの 388 点から 414 点となった。

　以上、本章での質的研究を通した現象の把握を踏まえて、「形成的フィードバックは英語に苦手意識を持つ学習者の自己調整学習を起動、そして進展させる」という仮説を立てることが可能だと考える。次の第 4 章では英語学習版自己調整学習尺度の開発研究について述べ、第 5 章ではその尺度を用いて仮説の検証を行うべく実施した量的研究についてまとめる。

# 第4章　英語学習版自己調整学習尺度の開発研究

　第4章では、前章で見出した仮説の検証を行う量的研究のために必要な英語版自己調整学習尺度を開発することを目的とする。第2章で述べたように、第二言語習得や外国語教育分野では、自己効力感や動機づけ、方略使用などに関する尺度開発研究は行われているが、Zimmerman（2000, 2008）の自己調整学習の3段階とそのプロセスの循環性や相互作用性の観点に立った尺度は管見の限り見受けられない。自己調整学習に関する尺度開発を考えるとき、先行研究に見られるような自己調整学習のある側面の深い理解を目的とした尺度も必要であるが、外国語学習において形成的フィードバックに関する教室での実践も研究も遅れていることを考慮すると、形成的フィードバックの自己調整学習への全体的な作用を捕捉するための尺度も必要である。

## 第1節　方法

### 1．参加者

　本調査の参加者は、教養科目として開講されている英語の授業に出席する大学生231名であった。参加者の所属大学が学期初めに実施した英語プレースメントテスト（CASEC）によると、彼らの英語力はTOEIC換算で250点から500点の間に位置していた。参加者には、本調査で得たアンケートデータは研究資料として用いられ、個人的情報は一切公にならないことを説明し、参加への同意を得た。

### 2．質問紙の開発

　本調査では学習者の自己調整学習の程度を全体的に把握するために、自己調整学習の3段階とそのプロセスを土台として開発されたToering et al.（2012）の尺度を参照し、外国語としての英語学習に対応する質問項目を作成することとした。Toering et al.（2012）では、「計画」「自己モニタリング」「自己評価」

「振り返り」という 4 つの変数に、動機づけられた結果として表出する「努力」や「自己効力感」という 2 変数を加えた 6 変数が想定されている。前章で自己調整学習の進展に自己効力感が影響を及ぼしていることが捉えられたが、外国語学習においても動機づけや自己効力感が自己調整学習に関係していることが複数の先行研究で明らかになっていることから（Pintrich & De Groot, 1990, 1994; Mizumoto & Takeuchi, 2009, Mahmoodi, Kalantari & Ghaslani, 2014; 水本, 2011）、本研究でも動機づけの変数として、「努力」と「自己効力感」を想定することとした。

　Toering et al.（2012）の質問項目は学習全般向けの内容であるため、英語学習場面に合うように和訳した。例えば "I keep working even on difficult tasks." という文言は「困難な英語の課題であってもやり続ける」に、"While doing a task, I ask myself questions to stay on track." という文言は「英語の勉強をしながら、順調に進んでいるか確認する」と変換した。和訳は大学英語教育に関わる 2 人の教員の協力を得て、一緒に検討してもらいながら作成した。予見段階と遂行段階にそれぞれ 18 項目、自己省察段階に 13 項目の計 49 項目を作成した。その後、アンケート対象者とは別の大学生 8 名にアンケート項目を見てもらい、意味がわかりにくいと指摘のあった文言の修正を行った。回答スケールは「1.　全然あてはまらない」から「5.　非常にあてはまる」の 5 件法とした。

## 3.　分析方法

　欠損値および重複回答のある質問紙および全質問項目に同じスケールで回答している質問紙を除いた 216 人分を分析対象とし、IBM SPSS Advanced Statistics V22.0 を用いて分析した。はじめに、記述統計により標準偏差、天井効果、床効果、歪度、尖度を確認した。その結果、「振り返り」の 1 項目として作成した「どのようにすれば次により良く英語の勉強ができるかを考える」という質問項目に関して、床効果が見られたため分析項目から削除した。

　次に、最尤法プロマックス回転により探索的因子分析を行った。通常、因子分析ではすべての質問項目に対して分析を行うが、本調査では段階ごとに実施した。自己調整学習理論は、学習者が効果的に能動的に学習に関わるために、

3つの段階を循環しながら学習を進めることを想定している。したがって、学習者が各段階で求められていることを満たしているかどうかを把握するために段階ごとに因子を見出した。体育教育に関して自己調整学習尺度開発を行っている須崎・杉山（2015）や幾留ら（2017）でも同様の分析方法がとられていることも踏まえて、妥当な分析方法だと考えた。Toering et al.(2012) において、予見段階に「計画」と「自己効力感」、遂行段階に「自己モニタリング」と「努力」、自己省察段階に「自己評価」と「振り返り」の2因子ずつが見出されていたので、各段階の抽出因子数を2と設定し、負荷量 0.4 以上の質問項目を因子数決定の対象とした。その後、抽出された因子を構成する質問項目間の内的整合性を算出した。

## 第2節　結果と考察

### 1.　探索的因子分析の結果

予見段階の「計画」と「自己効力感」を想定して作成された 18 項目の質問から、2因子解が得られた（表 11）。共に7項目から成る。Q4.「自分の英語の目的とそれを達成するために必要なことはわかっている」と Q13.「英語の学習に関して、予想外のことが起こったとしても効率的に対処できる」は、それぞれ逆の因子に含まれることを仮定していた。しかしながら、質問内容と内的整合性の $\alpha$ 係数（因子1： $\alpha$ =.86、因子2： $\alpha$ =.87）を検討した結果、それぞれ分析後のカテゴリーに区分して問題ないと判断した。因子1に「自己効力感、因子2に「計画」と名付けた。

遂行段階の因子として想定した「自己モニタリング」と「努力」に関する 18 項目の質問からも2因子が抽出された（表 12）。「努力」は9項目、「自己モニタリング」は8項目から構成された。Q31.「英語力がもっとつくように、自主学習に取り組んでいる」は、質問紙の作成段階では第1因子の項目として設定していたが、内容と $\alpha$ 係数（因子1： $\alpha$ =.88、因子2： $\alpha$ =.85）を検討し、因子2を構成する項目とした。因子1に「努力」、因子2に「自己モニタリング」と名付けた。

自己省察段階には「評価」と「振り返り」の2因子を想定して 13 項目を作成したが、第2因子に対して負荷量が 0.4 以上の質問項目は1つだけであった

表 11　予見段階の探索的因子分析の結果

| 質問項目 | 平均値 | SD | 第1因子 | 第2因子 | 共通性 |
|---|---|---|---|---|---|
| 〈第1因子：自己効力感（$\alpha$ =.86）〉 | | | | | |
| 1　英語学習で難しいことに直面したとき、解決方法を見つけられる。 | 3.05 | 0.99 | **.77** | .05 | .54 |
| 2　努力をすれば、私は英語学習での困難を乗り越えられる。 | 3.47 | 1.01 | **.76** | .09 | .52 |
| 3　英語の勉強で困ったことがあったとき、どうしたらいいかわかっている。 | 3.00 | 0.99 | **.73** | .11 | .45 |
| 4　自分の英語の勉強の目的と、それを達成するために必要なことは何かわかっている | 3.17 | 1.04 | **.71** | .08 | .44 |
| 5　一生懸命頑張れば、英語学習における困難にうまく対処することができると思う。 | 3.36 | 0.96 | **.60** | .05 | .42 |
| 6　英語学習で困難があったときの対処法を知っているので、困難に直面したときも冷静でいれる。 | 2.75 | 0.96 | **.53** | .13 | .40 |
| 7　英語学習において困難があっても、きっと乗り越えることができる | 2.79 | 0.96 | **.47** | .29 | .51 |
| 　英語学習における自分の目標を達成するのは簡単なことだ。 | 2.36 | 0.93 | .35 | .22 | .27 |
| 　英語の教科書にある課題をするとき、その目的を理解している。 | 3.08 | 0.88 | .34 | .28 | .34 |
| 　私の英語学習を妨げるようなことが何かあっても、うまく対処することができる。 | 2.70 | 0.98 | .31 | .28 | .31 |
| 〈第2因子：計画（$\alpha$ =.87）〉 | | | | | |
| 8　英語学習における自分の課題を克服するためにきちんと計画している。 | 2.48 | 0.91 | .28 | **.97** | .63 |
| 9　英語学習における自分の課題を克服するために必要な学習を十分に計画している。 | 2.56 | 0.85 | .02 | **.77** | .56 |

| | | | | | |
|---|---|---|---|---|---|
| 10 | 英語学習における自分の問題を克服するために必要なことは何か考えている。 | 2.59 | 0.9 | .07 | **.76** | .76 |
| 11 | 自分が克服すべき課題や問題が何かを考えてから英語の勉強に取り組んでいる。 | 2.97 | 0.97 | .17 | **.57** | .61 |
| 12 | 英語の勉強をするとき、最初にすべきことや次に行うべきことを考えている。 | 2.84 | 0.96 | .16 | **.54** | .53 |
| 13 | 英語の学習に関して、予想外のことが起こったとしても効率的に対処できる。 | 2.73 | 0.94 | .26 | **.53** | .56 |
| 14 | 私は英語の勉強に取り組む前に、どのように課題を解決するのが最善か考える。 | 2.88 | 0.94 | .30 | **.41** | .44 |
| | 英語学習において私がすべきことを理解している。 | 3.19 | 0.99 | .24 | .31 | .26 |

|  |  |  |  |
|---|---|---|---|
| 寄与率 | | 38.40 | 6.00 |
| 因子間相関 | 第1因子 | | |
| 第2因子 | .67 | | |

（表13）。よって、9つの質問項目からなる1因子解とし、因子名は「評価・振り返り」とした。質問項目間の内的整合性は $\alpha$ =.87 であった。

## 2. 確認的因子分析の結果

　探索的因子分析で見出された因子が、それぞれの項目に対応する構成概念を適切に反映しているかどうかを検討するために、IBM SPSS Amos Ver. 23 を用いて、最尤推定法による構造方程式モデリングによって確認的因子分析を実施した（図12、13、14）。分析の結果の解釈には、GFI（goodness of fit index）、AGFI（adjusted goodness of fit index）、CFI（comparative fit index）、RMSEA（root mean square error of approximation）という4つの適合度指標を参考とした。適合度指標とは想定したモデルのデータへの当てはまりの良さを示す指標である。GFI、AGFI、CFI は0から1.00の間の値で、

表 12 遂行段階の探索的因子分析の結果

| 質問項目 | | 平均値 | SD | 第1因子 | 第2因子 | 共通性 |
|---|---|---|---|---|---|---|
| 〈第1因子:努力 ($a$ =.88)〉 | | | | | | |
| 15 | すべての英語の課題に、できる限り一生懸命取り組む。 | 3.50 | 0.98 | **.80** | .10 | .53 |
| 16 | 苦手な英語の課題にも、最善を尽くして取り組む。 | 3.54 | 0.98 | **.76** | .02 | .59 |
| 17 | あまり好きではない英語の課題が出されたとしても一生懸命する。 | 3.33 | 0.98 | **.76** | .00 | .58 |
| 18 | 英語の勉強をするとき、一生懸命取り組む。 | 3.39 | 1.02 | **.72** | .06 | .47 |
| 19 | 自分には困難な英語の課題であってもやり続ける。 | 3.22 | 0.98 | **.67** | .05 | .40 |
| 20 | 難しい英語の課題でも投げ出さない。 | 3.14 | 1.07 | **.56** | .15 | .45 |
| 21 | 自分にとってはあまり重要でないと思える英語の課題にも取り組む。 | 2.94 | 0.96 | **.47** | .15 | .34 |
| 22 | あきらめないで頑張れば、英語学習における問題を乗り越えられると思う。 | 3.78 | 1.03 | **.47** | .09 | .28 |
| 23 | 英語の勉強で机に向かうとき集中して行っている。 | 3.33 | 1.02 | **.41** | .29 | .42 |
| 〈第2因子:自己モニタリング ($a$ =.85)〉 | | | | | | |
| 24 | 英語の勉強をしながら、自分がどの程度うまくできているか確認する。 | 2.91 | 0.94 | .14 | **.80** | .50 |
| 25 | 英語の勉強しながら、順調に進んでいるか確認する。 | 2.94 | 0.95 | .11 | **.76** | .47 |
| 26 | 英語の勉強をしながら、自分の勉強のやり方がいいか悪いかを考える。 | 2.80 | 0.94 | .01 | **.66** | .45 |
| 27 | 自分の英語学習が効果的かどうか考えながら学習している。 | 2.75 | 0.98 | .01 | **.64** | .40 |

| | | | | | | |
|---|---|---|---|---|---|---|
| 28 | 自分がどの程度うまくできている かを意識しながら英語の勉強をし ている。 | 3.00 | 0.93 | .18 | **.56** | .49 |
| 29 | 英語の勉強中に自分の解答を確認 する。 | 3.41 | 1.03 | .12 | **.52** | .39 |
| 30 | 英語力がつくように、課題をしな がら自分の答えが正しいか確認す る。 | 3.31 | 1.03 | .24 | **.43** | .38 |
| 31 | 英語力がもっとつくように自主学 習に取り組んでいる。 | 2.68 | 0.97 | .26 | **.41** | .37 |
| | 課題をするとき、どう進めればよ いかを考えながら取り組む。 | 3.15 | 0.94 | .15 | .39 | .26 |
| | 寄与率 | | | | 37.7 | 5.44 |
| | 因子間相関 | 第1因子 | | | | |
| | 第2因子 | | | .69 | | |

1.00 に近いほど良いとされている。RMSEA については 0 に近いほど望ましい が .05 以下が当てはまりの良い適合度であると判断されることが多い。これら を踏まえ総合的に、3つの段階それぞれに関して、適合性指標によりモデルの 当てはまりがよいことが確認できた（予見段階：GFI=.88, AGFI=.84, CFI=.91, RMSEA=.08、遂行段階：GFI=.90, AGFI=.88, CFI=.95, RMSEA=.05、自己省 察段階：GFI=.95, AGFI=.91, CFI=.97, RMSEA=.06）。また、予見段階の2因 子間の相関は r=.72、遂行段階の2因子間の相関は r=.77 と高値であった。自 己効力感が高いほど計画的に英語学習に臨み、努力をする者ほど自分の学習を モニターしていること、またそれぞれ逆も同様であることを示唆していると考 えられる。

## 3. 予測的妥当性

　各参加者の各因子を構成する質問項目の平均値を用いて、本調査で開発した 尺度の予測的妥当性を検討した。参加者は入学直後のプレースメントテスト （CASEC）の結果に応じて、TOEIC 換算点で 400 点から 500 点の点数であっ

表13　自己省察段階の探索的因子分析の結果

| 質問項目 | 平均値 | SD | 第1因子 | 第2因子 | 共通性 |
|---|---|---|---|---|---|
| 〈第1因子：評価・振り返り（*α* =.87）〉 | | | | | |
| 32 自分の英語の勉強方法を振り返り、してきたことが良かったかどうか考える。 | 2.81 | 0.96 | **.81** | .12 | .59 |
| 33 英語学習における自分の問題点を基に自分の学習を振り返る。 | 2.75 | 0.96 | **.77** | .09 | .55 |
| 34 私は自分がやってきた英語の勉強が正しいか振り返る。 | 2.88 | 0.95 | **.75** | .06 | .59 |
| 35 その日に行った英語の勉強を振り返っている。 | 2.46 | 0.98 | **.64** | .04 | .43 |
| 36 英語の勉強で行った一つ一つのステップを振り返る。 | 2.82 | 0.97 | **.62** | .04 | .41 |
| 37 自分の英語スキルが上がっているかどうか時々確認している。 | 2.71 | 0.99 | **.59** | .02 | .35 |
| 38 過去の英語学習に関する経験を振り返り、そこから学ぶものを見つけている。 | 3.13 | 0.98 | **.59** | .06 | .37 |
| 39 過去の英語学習での経験を踏まえて、新しい勉強方法や取り組みを考えている。 | 2.83 | 1.02 | **.53** | .16 | .38 |
| 40 自分の英語の勉強が本当に効果的かどうか時々考える。 | 3.05 | 1.04 | **.47** | .15 | .30 |
| 私は英語学習における自分の強み、弱みを理解している。 | 3.68 | 1.03 | .19 | .17 | .09 |
| 英語の勉強をしながら何度も答えが正しいかどうか確認する。 | 3.25 | 1.01 | .38 | .36 | .38 |
| 英語の勉強をするとき、答えが正しいかどうか意識する。 | 3.37 | 0.984 | .08 | **1.03** | .99 |
| 寄与率 | | | 15.80 | 29.60 | |
| 因子間相関　第1因子 | | | | | |
| 第2因子 | | | .41 | | |

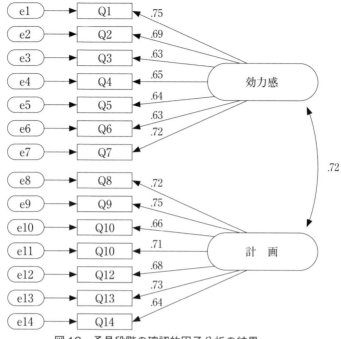

図12　予見段階の確認的因子分析の結果

た初中級群（79名）と、250点から399点までの初級群（137名）に分けられ
た。そして、2群の因子別の平均点について t 検定と効果量 d の算出を行った
（表14）。2群間の参加者の間には大きな英語力の差はなかったが、すべての項
目で初中級群の方が有意差のある高い平均値となり、因子別の平均点とグルー
プの間には一貫した関係性が認められた。これまで自己調整学習のスキルと英
語学習における成績または動機づけの関連性が示唆されてきたが（Mahmoodi,
Kalantari, & Ghaslani, 2014; Nitta & Baba, 2015; Pintrich & De Groot, 1990)、
学習者が学習においてどの程度自己調整学習を行っているかを評価する尺度は
開発されていなかった。本調査での結果は先行研究の示唆に沿うものであり、
開発した尺度の予測的妥当性を示すものだと言うことができると考える。

　　ここで注目したいこととして、表14の「努力」について初級群の参加者の
平均点が唯一 3.0 以上であり、効果量が最も小さい点がある。これは初級群の
学習者が、英語力については下位グループであるがそれなりの努力をしてきた

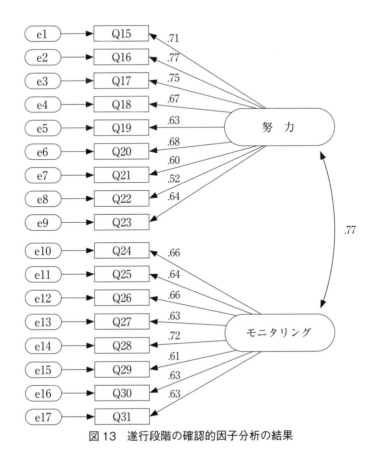

図13　遂行段階の確認的因子分析の結果

という認識を持っていることを示唆していると考えられる。一方、「計画」や「自己モニタリング」という学習方法に影響を与えるメタ認知の因子の効果量は中程度以上を示していることから、初級群と初中級群との英語力の差の一因は、計画の立て方や自己モニタリングの方法や内容から生じていることが推測できる。この点は英語苦手意識を持つ学習者のディモチベーション要因の一つに「学習方法」という要因がある点と、大学生でも適切に自分の学習をモニターし目標を立てて学習するのは難しい場合があるという指摘（Ambrose et al, 2010; Butler & Winne, 1995）に関連するのかもしれない。また、初級群の学習者に「努力はしているのに成績に反映されない」という気持ちがあることも

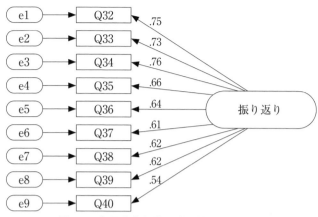

図14　自己省察段階の確認的因子分析の結果

表14　各因子の平均値に対する t 検定結果および効果量

| 段階 | 因子名 | 初中級群 (n=79) Average | SD | 初級群 (n=137) Average | SD | t (214) | d |
|------|--------|-----|-----|-----|-----|-----|-----|
| 予見段階 | 自己効力感 | 3.27 | 0.69 | 2.97 | 0.72 | 3.06** | 0.42 |
|         | 計画 | 2.93 | 0.58 | 2.59 | 0.72 | 3.70* | 0.50 |
| 遂行段階 | 努力 | 3.51 | 0.60 | 3.26 | 0.75 | 2.54** | 0.36 |
|         | 自己モニタリング | 3.22 | 0.58 | 2.82 | 0.68 | 4.26** | 0.62 |
| 自己省察段階 | 評価・振り返り | 3.02 | 0.62 | 2.71 | 0.69 | 3.31** | 0.47 |

$^*p<.05,\ ^{**}p<.01$

推測され、それがディモチベーションの最大要因である「自信の減退」を引き起こしていることも考えられよう。

## 4．因子間の相関

　抽出された因子間の関連性を見るため、前節で用いた参加者の各因子における質問項目への平均値を用いて相関係数を算出した。表15 にその結果を示すが、すべての因子間で正の相関があることが見出された。特に予見段階の「計画」と遂行段階の「自己モニタリング」、自己省察段階の「評価・振り返り」

表 15　因子間相関

| | 1 | 2 | 3 | 4 | 5 |
|---|---|---|---|---|---|
| 1.　自己効力感 | | | | | |
| 2.　計画 | 0.63** | | | | |
| 3.　努力 | 0.66** | 0.60** | | | |
| 4.　自己モニタリング | 0.64** | 0.78** | 0.68** | | |
| 5.　評価・振り返り | 0.64** | 0.80** | 0.65** | 0.82** | |

**p<.01

の間では、r=.78 以上の強い相関係数が認められた。このことは、Zimmerman（1998）が、各段階は異なるプロセスを持つが自己調整サイクルとして相補的な関係にあるということの確認となろう。また、動機づけられた結果として想定された「自己効力感」と「努力」も他の因子と中程度以上の相関を示している。自己調整学習はメタ認知や行動の側面だけではなく動機づけの側面も併せ持って考えることが重要であるとされているが（Schunk, 2001; Zimmerman, 1989）、本調査の結果からもそのことをあらためて確かめることができたと言える。

## 第 3 節　まとめ

　本章では、Toering et al.（2012）の学習全般に対する自己調整学習尺度を基に英語学習版の尺度を作成した。彼女らは予見段階に 2 因子、遂行段階に 2 因子、自己省察段階に 2 因子の計 6 因子を見出しているが、本調査では自己省察段階に想定された「評価」と「振り返り」の質問項目から 1 因子の抽出となり、全体で 5 因子の構造となった。各因子を構成する信頼性係数 α に関して十分な値が得られたため、本調査で開発した自己調整学習尺度は 5 因子から構成することとした。その上で、確認的因子分析によって当分析のモデルとデータとの適合を調べたところ当てはまりが良いことが確認できた。さらに英語力の異なる 2 群間の各因子の質問項目への回答平均値を算出した結果、5 因子すべてにおいて初中級群の平均値が初級群より有意差を持って高いことが把握された。これらのことから、本章で開発された英語学習に関する自己調整学習尺度

は、一定程度の妥当性と信頼性があるものだと結論付けることができよう。

　今後の課題として、予測的妥当性について本調査では高い英語力を保持する参加者数を確保することができなかったため、比較的英語力の差がない初中級群と初級群という2群間での検討となったが、より妥当性を高めるためには英語力上位者との間での検討を行う必要があると考える。次章では、本章で開発した尺度を用い、形成的フィードバックのある授業がどのように英語に苦手意識を持つ学習者の自己調整学習に作用するかを検証することとする。

# 第5章 学習者の課題取り組みに対する形成的フィードバックの作用に関する量的研究

　本章では第3章の質的研究によって見出された仮説、英語に苦手意識を持つ学習者の自己調整学習の進展に教師からの形成的フィードバックが有効に作用するという点について、第4章で開発した自己調整学習尺度を用いた量的研究を通して検証することを目的とする。

## 第1節　方法

### 1. 参加者

　参加者は教養科目として開講された英語授業を受講する4クラスの大学生であった。調査開始時に受講者に対して、本調査の趣旨や収集するデータなどの使途について説明し、78名の学生から調査協力への同意を得た。クラスA、Bの受講生を実験群（41名）、クラスC、Dの受講生を統制群（37名）とした。実験群の参加者には、取り組み課題に関して毎週フレクションシートに記述してもらい、その内容に基づき教師が個別に形成的フィードバックを与えた。統制群の参加者にも各々の学習取り組みを振り返るツールとしてリフレクションシートに毎週記述してもらったが、形成的フィードバックは提供しなかった。

　学期開始時に受けた英語能力テストCASECの点数、初回授業時に実施した単語テストの点数（満点100点）および英語学習への姿勢に関する質問の結果は表16と表17に示す通りで、それぞれにおいて2群の参加者は同レベルにあると判断された。CASECテストでの350点前後の点数は、TOEICにおいて275点程度に換算される。一般的に大学1、2年生のTOEICの平均点が430点前後であることを踏まえると、参加者の英語力は低いものであるといえる。単語テストは後述するeラーニングの対象ユニットから出題した。大学入試に必要とされるレベルの英単語の意味を解答する形式で50問出題し、両群共に3割以下の点数であった。基本姿勢に関する質問は、1）英語学習は好きか、2）

表 16　学期開始時の CASEC テストの結果

| | 実験群 | | 統制群 | | $t$ (72) | |
|---|---|---|---|---|---|---|
| | 平均 | 標準偏差 | 平均 | 標準偏差 | $t$ | $p$ |
| CASEC | 358.11 | 73.62 | 344.97 | 75.12 | 0.76 | 0.45 |

注：数名のデータが入手不可だったため、表 17 の自由度と異なる

表 17　調査開始時の単語テストと英語学習に対する基本姿勢調査の結果

| | 実験群 | | 統制群 | | $t$ (76) | |
|---|---|---|---|---|---|---|
| | 平均 | 標準偏差 | 平均 | 標準偏差 | $t$ | $p$ |
| 単語テスト | 24.15 | 12.45 | 26.05 | 14.96 | − 0.61 | 0.54 |
| 基本姿勢 1 | 2.51 | 1.03 | 2.62 | 1.14 | − 0.45 | 0.66 |
| 基本姿勢 2 | 1.93 | 1.03 | 1.89 | 1.02 | 0.15 | 0.88 |

英語は得意科目かの 2 問で、「1.　全然そうではない」～「5.　非常にそうである」の 5 段階評価で尋ねた。両群共に質問 1 の平均は 3.0 以下、質問 2 は 2.0 以下であり、英語学習には消極的であることが捉えられた。

　そのほか、参考までに大学での英語学習の自分の目的について自由記述による回答を求めたところ、「単位取得のため」と「挨拶ができる程度の英語力獲得」の 2 点で 7 割程度を占め、「将来の仕事のため」や「資格を取るため」などの意欲的な目的を書いた者は各群で 1 割未満であった。そのほかの 2 割程度は、「海外旅行に行ったときに買い物ができるぐらいの英会話力がほしい」や「テレビゲームの画面に出る英語がわかるようになりたい」などで、大学での英語学習に対して高い向上心を所持していない様子が窺えた。これらのことから、本調査のほとんどの参加者は英語に苦手意識を持ち、実際の英語力も低い学習者であると見なした。


## 2.　取り組み課題

　本調査において、自己調整学習の程度を捉えるための取り組み課題は授業外でのeラーニングとした。eラーニングとした理由は 2 点ある。1 点目として、eラーニングは活用方法によって非常に有効な学習ツールとなる一方、学習者

自身が能動的に向き合わないと継続して取り組むのが難しいことが指摘されているため（太田 , 2012；志村・尾田・石塚・横山・中村＆竹内, 2014）、自己調整学習スキルが影響を与える学習形態だと考えたからである。2点目は、本調査は授業中の教師や仲間からの影響が極力ない状態での学習者の課題への取り組み姿勢を捉えることを意図していたため、授業外に行うeラーニングは本調査の課題として適当だと判断した。

　本調査で用いたeラーニングは語彙力向上を目的としたものであった。参加者には受講科目で使用する教科書の内容理解に役立つだけではなく、学年末に全学的に受験することになっているアチーブメントテスト（CASEC）対策にもなることを最初に説明し、継続的に学習するよう促した。対象としたeラーニングの課題は10ユニットで、大学入試に必要とされるレベルの英単語で構成されていた。1ユニットのエクササイズを一通り終わらせるには15分程度の時間を要するものだった。

## 3．データ収集

　両群の参加者には10週間にわたり、授業外でeラーニングに取り組んでもらった。この取り組み課題に対する形成的フィードバックの効果を捕捉するために、本研究では3つの量的データと参加者との対話を収集した。表18はそれぞれのデータ収集と形成的フィードバック提供のスケジュールを示したものである。以下、データ収集に用いた尺度やリフレクションカード、テスト等の概要である。

### (1)　英語学習版自己調整尺度

　参加者の自己調整学習の変化については、第4章で開発した英語学習版自己調整学習尺度を用いて測定した（付録参照）。予見段階に2因子（自己効力感、計画）、遂行段階に2因子（努力、自己モニタリング）、自己省察段階に1因子（評価・振り返り）があり、質問項目数は全部で40項目であった。参加者には「1. 全然あてはまらない」～「5. 非常にあてはまる」の5段階尺度で回答してもらった。本アンケートは調査の第1週目と第10週目に実施した。

表18　データ収集および形成的フィードバック提供スケジュール

| 週 | 両群 | | | | 実験群のみ |
|---|---|---|---|---|---|
| | 自己調整学習アンケート | e ラーニング | パフォーマンステスト | リフレクションシート | 形成的 FB の提供 |
| 1 | ✓ | ✓ | ✓ | | |
| 2 | | ✓ | | | |
| 3 | | ✓ | | ✓ | ✓ |
| 4 | | ✓ | | ✓ | ✓ |
| 5 | | ✓ | | ✓ | ✓ |
| 6 | | ✓ | | ✓ | ✓ |
| 7 | | ✓ | | ✓ | ✓ |
| 8 | | ✓ | | ✓ | ✓ |
| 9 | | ✓ | ✓ | | |
| 10 | ✓ | ✓ | | ✓ | |

(2)　e ラーニング実施ユニット数

　参加者は各自 e ラーニングサイトへログインの上学習を行ったため、学習をしたユニットの番号、学習した時間などの履歴情報が管理者サイトに残る仕組みであった。管理者サイトに残った履歴情報から、週ごとの参加者別の実施ユニット数を毎週集計した。

(3)　課題に対するパフォーマンス（英単語）テスト

　調査の第 1 週目時点での受講者の課題に対する現状がどの程度かを調べるため、対象とした e ラーニング教材の 10 ユニットの英単語からエクセルを用いて無作為に 50 語を抽出し、日本語の意味を書かせるプレテストを行った。結果が先に示した表 17 に示したように望ましくなかったため、学習対象をその 10 ユニットに限定した。第 9 週目に、プレテストと同様の方法で 10 ユニットからエクセルでランダムに英単語を 50 語選びポストテストを実施した。ポストテストは直前に急に勉強をして備えることができないよう無告知で行った。

⑷　参加者との対話

　実験群の参加者のリフレクションカードへの記述を見ながら行った毎週の対話については、授業回ごとおよび参加者別にどのようなやり取りがあったかを話しながらメモを取り記録した。リフレクションカードの記録から、目標がなかなか達成できない者や目標設定を適当にしているような学生とはやや長く話しをした。やり取りはレコーダーで録音した。

　調査終了時には、実験群のクラス A、B から各 5 名を無作為に選び、10 週間の取り組みについての半構造化インタビューを行った。インタビューでの質問項目は、1）課題に対するフィードバックがある授業の感想、2）課題遂行におけるクラスメイトからの影響についての 2 点だった。


## 4. 形成的フィードバックの内容

　第 3 章の調査におけるフィードバックと同様、本調査でも形成的フィードバックに含まれる 3 つの情報（目標、目標に対する現状、目標達成のための方法）および自己調整学習における能動的な学習の重要要素（自己効力感、目標、自己調整学習方略の使用）の 3 点、さらにディモチベーション要因の観点からフィードバックを与えた（表 19）。授業内の限られた時間の中で実験群の参加者に効率的に形成的フィードバックを与えられるよう、リフレクションシートを導入した。シートは A4 サイズの厚紙で、10 週間の取り組み内容を一覧できるように表形式の記入欄があるものだった（図 15）。統制群にもリフレクションシートを導入したが、自分自身による振り返りのために使用するよう伝え、個別のフィードバックは与えなかった。

　調査の第 1 週目と第 2 週目に両群の参加者に向けて、導入する e ラーニングの利点（授業内容の理解促進、アチーブメント対策）を説明するとともに授業

表 19　形成的フィードバックの構成要素とリフレクションシートの項目

| 形成的 FB の構成要素 | リフレクションシート上の記載項目 |
| --- | --- |
| 1）目標 | 1）翌週までに行う目標ユニット数 |
| 2）目標に対する現状 | 2）目標を達成できたか否かとその要因 |
| 3）目標達成の方法 | 3）改善事項、感想など |

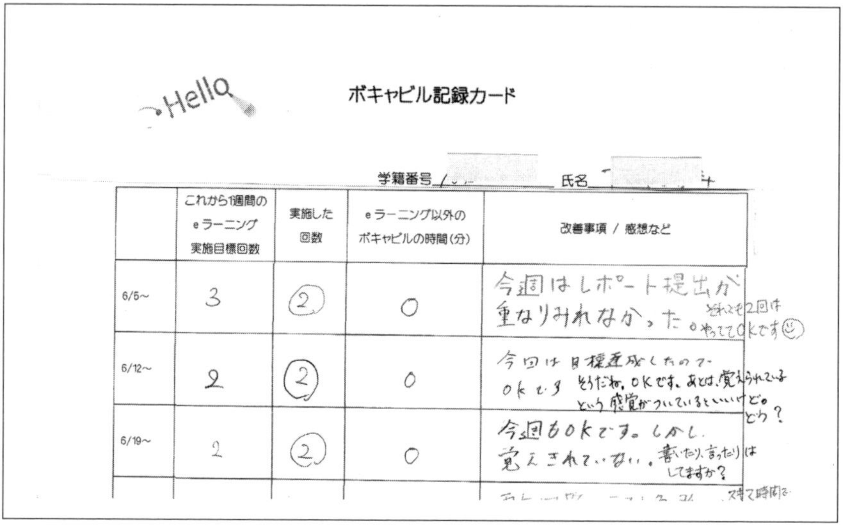

Hello

ボキャビル記録カード

学籍番号　　　氏名

| | これから1週間のeラーニング実施目標回数 | 実施した回数 | eラーニング以外のボキャビルの時間(分) | 改善事項 / 感想など |
|---|---|---|---|---|
| 6/5~ | 3 | ② | 0 | 今週はレポート提出が重なりみれなかった。 それでも2回はやっててOKです☺ |
| 6/12~ | 2 | ② | 0 | 今回は目標達成したのでOKです そうだね。OKです。あとは、覚えられているという感覚がついているといいけど。どう？ |
| 6/19~ | 2 | ② | 0 | 今週もOKです。しかし覚えきれていない。 書いたり、言ったりはしてますか？ |

図 15　リフレクションシートの例 2

外で自主的に取り組むように伝えた。教室のスクリーンに e ラーニングの画面を映し出し、ログインの仕方、1 ユニットの構成と内容、そしてどのように進めると効果的な学習ができるかについてデモンストレーションを行った。第 3 週目から両群にリフレクションシートと実験群には個別の形成的フィードバックを導入した。実験群では参加者のリフレクションシートを見ながら、授業の最後の 10 分間の振り返りの時間と授業前後の休み時間を用いて個別に短い対話をした。調査第 9 週目と 10 週目は、一定期間の教育的介入後にそれを中止した場合の参加者の様子を捉えるため、形成的フィードバックの提供を止めた。

表 19 の項目に基づき個別に形成的フィードバックを与えたが、提供を開始してからの数週間は、結果として参加者の多くに同様のことを伝えることとなった。以下、形成的フィードバックの要素別に参加者に共通して伝えた内容を示す。

1）目標について

・ほとんどの参加者が達成は不可能だと思われるユニット数を多く設定する

傾向があったため、本授業で英語を勉強する意味、自分の生活（家事やサークル、アルバイトなど）、他教科の課題、余暇等をしっかり考慮した上で、「必ずできるユニット数」または「必ずすべきユニット数」を目標として設定するように話した。決して「○ユニットぐらいできるだろう」という安易な気持ちで設定しないように伝えた。

2）目標に対する現状について

- 目標を達成していなかった場合、まずその原因について聞いてみると、多くは苦手意識やあきらめの気持ちから生じる怠慢であった。彼らの大半が英語の勉強を真剣にしてこなかったと話したため、「やってみたら変わることもあるのでは」と問いかけ、「○○さんができる学習のやり方を一緒に考えるから、挑戦する気持ちを持ってほしい」と伝えた。そして、目標ユニット数を欲張らず、必ず実施できる数に設定し、まず参加者自身が英語学習に関して自分で計画したことを行ったという事実と実感を持つよう促した。
- 目標を達成していた場合は、その行動を評価した後、目標をクリアするにあたっての負荷について尋ねた。時間的にも精神的にも余裕だったと答えた場合は、初回の単語テストの得点を一緒に振り返りながら、来週の授業だけに焦点を定めるのではなく学期末の試験なども視野に入れた目標を持ち学習に向かうよう話した。自分の日々の時間ややる気を考えながら、目標のユニット数を増やすことにチャレンジしてはどうかと提案した。

3）目標達成の方法について

- 目標を達成しない参加者の多くは、目標を立てても具体的な行動計画は考えておらず「1週間のどこかでやる」という姿勢であった。よって、日時まで明確に計画するよう助言を与えた。また、具体的に日時まで決めていても単に忘れてできなかったという参加者には、スマートフォンのリマインダー機能を活用したり、友達と一緒にやるように予定を組んだりして、自身の行動をコントロールするための工夫をするよう話した。

参加者との対話の例を以下に紹介する。1例目は、調査3週目の参加者NR
とのものである。前週の授業時に「1週間に3ユニット行う」という計画を立
てていたがしなかったという状況であった。なお、以下の対話の中に「任意」
という言葉が出てくるが、これはこの取り組み課題が当該科目の評価の対象で
はなく、参加者の意志で行うという位置づけであったという背景に拠ってい
る。


【事例1】

NR：「すみません。目標3ユニットとしていましたができませんでした。」

教師：「謝らなくていいよ、これは任意だからね。でも、忙しかったのかし
　　　ら？」

＞ 現状の認識・効力感の振り返り

NR：「いや、単に忘れていました。」

教師：「そうなんだね、（取り組みを）続けるのかな？」

NR：「はい、もちろんです」

＞ 学習者の自己決定（義務感の払拭）

教師：「じゃ、忘れない方法を一緒に考えようか。何かアイディアある？」

NR：「付箋とかに書いていても、自分見ないんですよね。」

教師：「必ず見るものはない？携帯は？必ずしかも頻繁に見るよね？」

NR：「そうですね。でも携帯に付箋を貼るのは…。」

＞ 学習方法の提案

教師：「じゃあ、リマインダー機能を使ってみるのはどう？」

R：「そんなのがあるんですか。（調べる。）ありました。予定が終わるまでメッ
　　セージが出続けるんですね。」

教師：「そうそう。どうかな？」

＞ 学習者の自己決定（義務感の払拭）

NR：「自分には合っているかもしれません。使ってみます。」

教師：「そう、よかった。では来週ね。」

＞ 動機づけ

　2例目は参加者MIと4週目に行った対話である。目標として毎週3ユニッ
トと立てているにもかかわらず、3週連続で実施ユニット数がゼロという状況
下のものである。

【事例2】

教師：「先週、先々週に続きか〜。目標は3ユニットだったのにね。」

MI：「いやぁ、すみません。」

現状の認識・自己決定の振り返り

教師：「いやいや、謝らなくていいんだよ。これは任意の取り組みだから。ただ、3ユニットやると自分で目標立ててたからね。」

MI：「はい、来週は絶対3ユニットしてきます！」

教師：「そう、わかった。今度こそeラーニングする時間はとれるのかな？」

MI：「はい、どうにかします。」

目標達成への学習方法

教師：「どうにかできるんだね。いつ？」

MI：「今はわからないですけど、します。」

教師：「わからないなら、難しいんじゃないかなぁ。私も事前に予定していないと、やるべき仕事がなかなかできないよ。どう？今、計画立てられそう？」

目標設定・学習者の自己決定・動機づけ

MI：「今はちょっと無理ですね。」

教師：「そうかぁ。無理ならじゃぁ…、目標はゼロにしておく？」

MI：「ゼロですか？」

教師：「そうゼロ。少しおかしいけど、自分の生活を考えて、『今週はこのことはしない』っていう計画の立て方もあると思うよ。」

MI：「いやぁ、でもゼロは…。」

教師：「目標3とか書いて、それをしないのにはあまり抵抗がないけど、目標ゼロって書くのは嫌ってことかな？」

MI：「いや、何か理由があってしなかったわけじゃないんで…。自分の怠慢でしなかっただけなんで。なんか目標までゼロにすると、そこまで落ちていいのか自分、みたいな。」

教師：「気持ちはわかるけど、でも来週また同じ話をすることにならないかしら。」

目標設定・学習者の自己決定・動機づけ

MI：「これまで真剣に考えてなかったんで、だから、次は必ず2ユニットします。」

教師：「そう。じゃぁ、いつやるか見通しつきそう？」

目標達成への学習方法

MI：「この授業がある前なら思い出すので、来週の2限の時間にします。空き
　　　時間なので。」
教師：「そうなんだね。じゃぁ、来週は目標達成を見れるかな。」

動機づけ

　ハッティ（2018）は、フィードバックを与える際に特に意識すべき点として、
「フィードバックを受け取り、それに基づいて行動するのは学習者であるとい
うことである。教師の多くは十分なフィードバックを与えているとは言うが、
問題とされるべきはフィードバックを学習者が受け止め、その内容を理解した
かどうかということなのである」と述べている（p.171）。したがって、上記の
2つの例に見られる参加者との対話においては、形成的フィードバックの定義
であり意義である「学習者が目標までのギャップを埋めることができるように
なるための情報となること」およびそれぞれの学習者の毎週の様子や反応を踏
まえ、どのように言えば響くかということ、つまり、ハッティが忠告するよう
に学習者の意欲と行動へのポジティブな変化を生じさせる内容となるように留
意した。

## 5. 分析方法

「3. データ収集」の(1) 英語学習版自己調整学習尺度に関しては、まず、各
群における1回目（調査第1週目）のアンケートと2回目（調査第10週目）
のアンケートへの回答の平均値を下位尺度ごとに $t$ 検定と効果量 $d$ を用いて分
析した。その後、形成的フィードバックの有無が参加者に与えた作用を捉える
ために、1回目と2回目のアンケートの各参加者の各質問項目への回答の差
（変化量）を算出し、下位尺度ごとにその変化量の比較を $t$ 検定と効果量 $d$ に
より判定した。(2) の e ラーニング実施ユニット数については、群別に毎週の
実施数の平均値を算出し、その推移を折れ線グラフによって視覚的に把握し
た。(3) の課題に対するパフォーマンステストは、1回目（調査第1週目）と2
回目（調査第9週目）の2群間の平均値を $t$ 検定と効果量 $d$ により分析した。
(4) のリフレクションシートの記述と参加者との対話で得た情報については本
章では質的分析法等による分析は行わないが、量的データの全体的な結果に対
する考察の材料として用いる。

表20　自己調整学習アンケートの結果（1 回目：調査第 1 週目）

| | | 実験群<br>（$n = 41$） | | 統制群<br>（n = 37） | | $t$（76） | | $d$ |
|---|---|---|---|---|---|---|---|---|
| | | 平均 | 標準<br>偏差 | 平均 | 標準<br>偏差 | $t$ | $p$ | |
| 予見段階 | 自己<br>効力感 | 2.85 | 0.81 | 2.97 | 0.70 | － 0.71 | .482 | .16 |
| | 計画 | 2.49 | 0.69 | 2.56 | 0.72 | － 0.44 | .659 | .10 |
| 遂行段階 | 努力 | 3.32 | 0.78 | 3.43 | 0.70 | － 0.68 | .496 | .16 |
| | 自己モニ<br>タリング | 2.85 | 0.69 | 3.00 | 0.67 | － 0.97 | .333 | .22 |
| 自己省察<br>段階 | 評価・<br>振り返り | 2.57 | 0.74 | 2.84 | 0.65 | － 1.71 | .092 | .39 |

## 第 2 節　結果と考察

### 1.　自己調整学習アンケート

　表20 に 1 回目（調査第 1 週目）のアンケートの結果を示す。「自己効力感」「計画」「努力」「自己モニタリング」「評価・振り返り」のすべての下位尺度において、実験群と統制群の間には差がなく、両群の参加者は英語力や動機づけだけではなく、自己調整学習に関しても同レベルにある状態で調査がスタートしたことがわかる。

　それを踏まえた上で、実験群と統制群別に 1 回目と 2 回目のアンケート回答の比較を行った。実験群ではすべての下位尺度において有意な差が認められた（表21）。効果量も努力を除いて中程度以上が確認された。一方、統制群では予見段階の「自己効力感」と「計画」で有意な差が確認された（表22）。リフレクションシートには e ラーニングの目標実施ユニット数を毎週書く欄があったため、それにより統制群の参加者にも計画を立てる意識が増したと考えられる。つまり、リフレクションシートを導入するだけでも部分的ではあるが自己調整学習が促されると見なすことができる。さらに形成的フィードバックが付加されることで、自己調整学習の諸側面の全体的な活性化が生じると考えられ

表21 実験群の1回目と2回目のアンケート回答の比較結果

| | | 1回目 | | 2回目 | | $t\,(40)$ | | |
| --- | --- | --- | --- | --- | --- | --- | --- | --- |
| | | 平均 | 標準偏差 | 平均 | 標準偏差 | $t$ | $p$ | $d$ |
| 予見段階 | 自己効力感 | 2.85 | 0.81 | 3.29 | 0.63 | − 3.30 | .00 | 0.55 |
| | 計画 | 2.49 | 0.69 | 2.93 | 0.68 | − 4.23 | .00 | 0.64 |
| 遂行段階 | 努力 | 3.32 | 0.78 | 3.54 | 0.61 | − 2.49 | .02 | 0.29 |
| | 自己モニタリング | 2.85 | 0.69 | 3.20 | 0.60 | − 3.05 | .00 | 0.52 |
| 自己省察段階 | 評価・振り返り | 2.57 | 0.74 | 3.04 | 0.63 | − 4.36 | .00 | 0.64 |

表22 統制群の1回目と2回目のアンケート回答の比較結果

| | | 1回目 | | 2回目 | | $t\,(36)$ | | |
| --- | --- | --- | --- | --- | --- | --- | --- | --- |
| | | 平均 | 標準偏差 | 平均 | 標準偏差 | $t$ | $p$ | $d$ |
| 予見段階 | 自己効力感 | 2.97 | 0.70 | 3.20 | 0.87 | − 2.11 | .04 | 0.34 |
| | 計画 | 2.56 | 0.72 | 2.89 | 0.75 | − 3.14 | .00 | 0.46 |
| 遂行段階 | 努力 | 3.43 | 0.70 | 3.40 | 0.79 | 0.44 | .66 | 0.06 |
| | 自己モニタリング | 3.00 | 0.67 | 3.07 | 0.65 | − 0.81 | .43 | 0.11 |
| 自己省察段階 | 評価・振り返り | 2.84 | 0.65 | 3.01 | 0.63 | − 1.75 | .09 | 0.26 |

る。

　次に、形成的フィードバックの有無により2群間にどのような違いが生じた
かを、1回目と2回目のアンケートの各参加者の各質問項目への回答の差、つ
まり変化量を用いて分析を行った。表23に2群間の $t$ 検定と効果量 $d$ の結果
を示す。「努力」と「評価・振り返り」において、5％水準で有意差があること

がわかる。図16、17、18 は、群別に下位尺度の変化量をグラフで表したものである。一見してわかるように、すべての下位尺度で実験群の変化量の方が統制群のものより大きいことが確認できる。これらのことを踏まえると、形成的フィードバックを受けた実験群はそれがなかった統制群に比べて、自己調整学

表23　各群における変化量の平均値に対するt検定結果および効果量

| | | 実験群（*n*=41） | | 統制群（n=37） | | *t*（76） | | *d* |
|---|---|---|---|---|---|---|---|---|
| | | 平均 | 標準偏差 | 平均 | 標準偏差 | *t* | *p* | |
| 予見段階 | 自己効力感 | 0.44 | 0.86 | 0.24 | 0.68 | 1.12 | .25 | .27 |
| | 計画 | 0.45 | 0.67 | 0.33 | 0.64 | 0.78 | .44 | .18 |
| 遂行段階 | 努力 | 0.22 | 0.57 | − 0.04 | 0.52 | 2.08 | .04 | .47 |
| | 自己モニタリング | 0.35 | 0.75 | 0.08 | 0.56 | 1.86 | .07 | .42 |
| 自己省察段階 | 評価・振り返り | 0.47 | 0.69 | 0.17 | 0.58 | 2.08 | .04 | .47 |

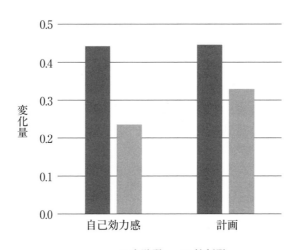

■ 実験群　※ 統制群

図16　予見段階の変化量

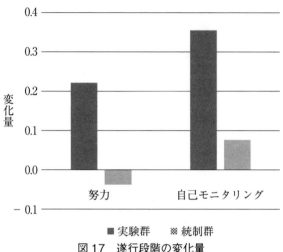

図 17　遂行段階の変化量

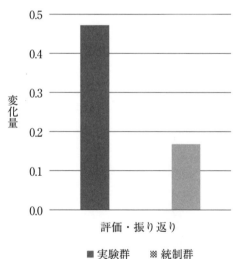

図 18　自己省察段階の変化量

習に必要なメタ認知および動機づけの両側面で確実な意識の変化があったと考えられる。

「努力」は動機づけられた結果を表すものとして設定された下位尺度である。

これを構成する質問項目は、「英語の課題には一生懸命取り組む」「苦手な英語の課題にも最善を尽くして取り組む」「あきらめないで頑張れば、英語学習における自分の問題を乗り越えられると思う」などであった。これらの項目に対して統制群を有意に上回る変化量が見出されたということは、形成的フィードバックが動機づけの側面に強いプラスの作用を与えたと言えよう。

「評価・振り返り」を構成する質問項目には、「自分の英語の勉強が効果的かどうか時々考える」や「過去の英語学習での経験を踏まえて、新しい勉強方法や取り組みを考えている」などのように、英語学習を総合的に振り返る項目が含まれていた。ここで、第3章の質的調査の結果を思い返したい。形成的フィードバックを受ける前の英語苦手意識を持つ学習者のリフレクションシートへの記述は「改善を意図して学習を振り返る」というよりも、授業や取り組み課題に対して「難しかった」や「授業では友達と訳をとった」など表層的な感想や行ったことの事実のみを記載するものがほとんどで、英語学習を改善させようという真剣な気持ちを所持しているとは考えにくい内容であった。もしかすると、改善に向けた気持ちを持っていたとしても、改善や向上に繋がる振り返りをどのように行ったらよいかわからない状況であったのかもしれない。しかしながら、形成的フィードバックを受けることで少しずつ効果的なモニタリングの仕方や振り返るべきポイントがわかるようになった様子が捉えられた。このことを踏まえると、本章の調査での実験群の参加者も、形成的フィードバックを受けることで成果を生み出すための自己評価や振り返りを次第に行えるようになり、結果、上記のような質問に答える際に1回目のアンケート回答時よりも高い値を選んだと推測することができる。一方、統制群の方はリフレクションシートがあったことで自分の課題取り組みを振り返る機会を得たが、変化量としては微増に留まる程度であった。形成的フィードバックの有無により、実験群と統制群の間には振り返りの意識や視点に関して明確な差が生じたと解釈することができよう。

　少し観点を変えて注目したいことが2点ある。1つ目は、実験群の2回目のアンケートでの各項目の標準偏差の値が一様に小さくなり平均値も上がったことである（表21）。英語学習における自己調整学習に関して、集団としての等質性が当初より高まったと解釈でき、クラス運営の観点からも好ましい状況に

なったと考える。実際、介入を初めて4、5週目には、リフレクションシートに基づく個別の対話を教師が参加者と開始する前に、友人同士で進捗具合を聞き合ったり、高すぎる目標を掲げようとする友人に「来週は専門の試験があるから、その数字は止めた方がいい」などの助言を与えたり、「○○（科目名）が休講だから、その時間にPC室に行こう」など誘い合ったりする様子が見受けられるようになった。形成的フィードバックの提供の最終的な目標は、学習者自身が適切な目標を立て、成長につながる学習の遂行とモニタリング、省察をできるように導くことである（Butler & Winnie, 1995; Nicol & Macfalane-Dick, 2005; Sadler, 1989）。上記のような言動がクラスメイト間で表出する状況になることは、個人の自己調整学習の向上を後押しすると考えられる。

　2つ目は、1回目のアンケートでの両群の「努力」の平均値である。表20から明らかなように他の項目より高い数値を示している。第4章で尺度の開発研究を行った際の参加者からも同様の傾向が見受けられた。参加者は全員、英語学習に対して苦手意識があり実際の英語力も高くない学習者群だが、改めてこの結果はこのような学習者が自分の英語力の割に一定の努力をしてきたと認識していることを表していると考えられる。評価・振り返りや、特に計画の数値は非常に低いことを考え合わせると、これまで彼らは自分に合った学習方法を見つけ、目標を立て、俯瞰的に計画的に英語学習を行うという観点をあまり持たないまま、目の前の課題にはそれなりに取り組み、努力をしてきたと認識していることが推測される。英語学習への動機づけが高くない学習者のディモチベーション要因の1つとして「学習方法」が見出されているが（Tsuchiya, 2006a, b）、この結果はそれに関連していると改めて推察される。

## 2．eラーニング実施状況

　表24は1週間当たりのeラーニングの平均実施ユニット数を示し、図19はその変化をグラフで表したものである（専用サイトのシステムに不具合があり、実験群の1名のデータが入手不可だったため、40名分の集計となっている）。最初の2週間はクラス全体に向けて口頭での推奨と使用方法の説明をデモンストレーションしながら行ったが、結果は両群とも皆無に等しい実施数であった。本調査の参加者のようなタイプの学習者に対するクラス全体に向けた

口頭での説明には、たとえその目的を十分に説明したとしても実際の行動を誘引する作用はほとんどなかったと考えられる。

　3週目から両群にリフレクションシートと実験群には形成的フィードバックを導入した。最初は目標を達成しない者が多くおり、その理由の大半は「忘れていた」または「覚えていたが、まぁいいやと思いしなかった」というものだった。長年の苦手意識からやる気が出ず、やっても変わらないという半ば諦めの気持ちがあることが対話の内容からつかめた。ディモチベーションの研究を踏まえ、このような参加者に対してはまず失っている自信を少しずつでも取り戻すために、自分が設定した目標を達成させる経験が必要だと考えた。したがって、本課題に取り組む目的と、この活動への参加は任意であることを今一度話した上で、まずは目標を1ユニットとし必ずそれを達成するという行動をとるか、目標数を0にするかについて考えさせた。やや極端なフィードバックではあったが、達成する気がないのに目標を立て続け、自分がとった行動に表層的な振り返りをし続けるのを阻止する意図で参加者に向かい合った。結果、このフィードバックは彼らにとって自分の英語学習のことを真面目に考える機会となったようで0と書く者はいなかった。

　　・周りの友達もやり始めているし、英語は苦手ですが目標0は書けないというか、書きたくないと思います。（1ユニットにかかる）15分の時間ぐらいは見つけてやります。（参加者MB、3週目）

　図19から明らかなように、5週目あたりから実験群は週に2ユニットを平均的に実施するようになったことがわかる。リフレクションシートへの記述内容やそれを踏まえた対話で発せられる言葉にも変化が見られるようになった。学習時間や自分の気持ち、行動を調整して課題に取り組むようになったことが窺える。

　　・目標ユニット数を3とか4ではなく、先生が言ったようにまず1ユニットにしたら、『自分、1ユニットぐらいできるだろう。それぐらいの時間も作れなかったと言うのはダメだろう』と思った。達成できたので、

来週は2ユニットにします。（参加者 SF、4週目）
- 最初は面倒臭いと思っていたけれど、慣れてきたら空き時間に3、4ユニットぐらいは普通にやれるようになった。ゲームばかりしているよりずっといい。（参加者 YO、4週目）
- 携帯電話のリマインダー機能で忘れなくなった。通学の電車の中で通知があるように設定して時間を有効活用している。（参加者 ON、6週目）

　最後の2週間は個別の形成的フィードバックの提供を止め、統制群と同様に実験群もリフレクションシートだけとしたが、実験群の実施ユニット数平均値は2ユニット前後を維持した。もちろん、授業で毎週教師と会うという状況は変わらないため、それ自体が影響を与えた可能性は否定できない。しかしながら、先に示したように2回目のアンケートでは自己調整学習尺度の全項目において向上しており、調査終盤のリフレクションシートや対話においては自己効力感を表す言葉が確認されるようになったことを踏まえると、学習の継続は参加者自身の意志の部分が大きかったのではないかと考える。

- 続ければ苦手な英単語を覚えられるんだと思うようになった。計画を立てて取り組むことで何回もやれている。（参加者 MF、8週目）
- 単語が覚えやすくなった、頭に入りやすくなったと感じている。この調子で計画的に取り組んでいきたい。（参加者 OM、9週目）

　リフレクションシートだけの導入によって、統制群も初期段階より実施数が増加し、自己調整学習尺度においても伸びが確認された。リフレクションシートなど、視覚的に自分の学習行動が確認できるものを導入するだけでも自己調整学習の伸長に効果があると考えられる。しかしながら、統制群の実施平均数が1回を超えたのは1度（第7週）のみであった。形成的フィードバックの提供がなかったことが実験群との差を生じさせたと考えられる。

## 3. 課題に対するパフォーマンス（英単語）テスト
　課題に対するパフォーマンスの変化を確認するため、第9週目に英単語のポ

表24　eラーニング実施ユニット数平均値

| | | 第1週 | 第2週 | 第3週 | 第4週 | 第5週 | 第6週 | 第7週 | 第8週 | 第9週 | 第10週 |
|---|---|---|---|---|---|---|---|---|---|---|---|
| 実験群 | 平均 | 0.05 | 0.05 | 0.08 | 1.43 | 2.18 | 2.15 | 1.88 | 1.93 | 2.25 | 2.03 |
| | SD | 0.32 | 0.22 | 0.35 | 1.87 | 2.02 | 1.96 | 1.56 | 1.99 | 2.48 | 1.54 |
| 統制群 | 平均 | 0.00 | 0.08 | 0.08 | 0.62 | 0.89 | 0.65 | 1.03 | 0.59 | 0.78 | 0.84 |
| | SD | 0.00 | 0.36 | 0.36 | 0.76 | 0.97 | 0.72 | 1.32 | 0.73 | 1.16 | 1.12 |

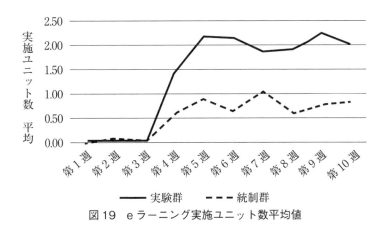

図19　eラーニング実施ユニット数平均値

ストテストを実施した。参加者が集中的に学習して備えるのを避けるため、事前の告知はせずに行った。各群におけるプレテストとポストテストの平均値を比較したところ、それぞれ向上が認められた（実験群：$t = -9.74$, $p<0.01$、統制群：$t = -4.77$, $p<0.01$）。群間の平均値の比較結果は表25に示す通りで、ポストテストでは2群間に有意差が確認された。効果量も高く、当初は同レベルだった英単語力がeラーニング9週目時点では実験群の方が明らかに上回ったことが明らかとなった。先述したように実験群では自己調整学習尺度のすべての項目で向上が確認されている。調査開始時よりも効率的な計画を立てられるようになり、自分の学習行動をモニターし、振り返りを行い、効力感に後押しされながら次の目標に向かうという循環的な学習を行う中で、常に統制群の2倍程度のeラーニングに従事したことがこのテストの結果に反映したと考えられる。

表 25　取り組み課題に対するパフォーマンステスト結果

| | 実験群 | | 統制群 | | $t$ (76) | | $d$ |
|---|---|---|---|---|---|---|---|
| | 平均 | 標準偏差 | 平均 | 標準偏差 | $t$ | $p$ | |
| プレテスト | 24.15 | 12.45 | 26.05 | 14.96 | -0.61 | 0.54 | 0.14 |
| ポストテスト | 50.46 | 22.94 | 34.32 | 17.90 | 3.44 | 0.00 | 0.78 |

⑷　調査終了後の半構造化インタビュー

　10 週間の調査が終わった後、実験群のクラス A、B から各 5 名を無作為に選び、形成的フィードバックがある授業に対する参加者の感想や印象を探るため、個別にインタビューを行った。1 つ目の質問は、課題に対するフィードバックがある授業の利点と欠点に関してであった。なお、本調査の取り組み課題に関して、参加者との日ごろの対話においては「取り組み課題」や「e ラーニング」という言葉を使っておらず、「ボキャビル（ボキャブラリービルディング）」という語を用いており、以下の参加者の言葉の中にはそれが表出している。


（クラス A、参加者 HA）

教師　：目標や方法とかのこと話しながらボキャビルを 10 週間やってみて、どうでしたか。良かったところ悪かったところを話してもらえる？

参加者：ボキャビルをずっとやり続けて、実際に単語も覚えることができて良かったと思います。

教師　：ボキャビルを続けた理由には、私に言われたからとか義務感のようなものがあった？

参加者：ん、実際、先生が「しなさい」と言うことはなかったかなと。言ってませんよね。

教師　：そうね。

参加者：はい、だからやらされている感は全く無くできて、それが良かったです。って言うか、自分で設定した目標をしないのは自分のプライドが

　　　　　許さないという感じでした（笑）。

教師　　：そうか。私からのフィードバックはどうだった？フィードバックがなくても同様のことをしたと思う？

参加者：いや、フィードバックがなかったら毎週（の目標を）決めなかっただろうから、自分からしなかったし、始めたとしても続かなかったと思います。先生と話すことでやる気を保つことができたし、新しく知る方法とかもあって飽きませんでした。


（クラス A、参加者 TA）

教師　　：目標や方法とかのこと話しながらボキャビルを 10 週間やってみて、どうでしたか。良かったところ悪かったところを話してもらえる？

参加者：自分で決めた目標ユニット数をしたかどうかを見てもらえたのは良かったです。そういう機会がなかったなら、今までみたいにすぐに止めていたと思います。

教師　　：私に見られるからやったということかな？

参加者：いや、先生が見るからというマストな感じじゃなくて、頑張っていない自分を見せたくないという気持ちと、自分で決めたからやろうという気持ちでした。


（クラス B、参加者 MI）

教師　　：目標や方法とかのこと話しながらボキャビルを 10 週間やってみて、どうでしたか。良かったところ悪かったところを話してもらえる？

参加者：ボキャビルの目標数に 0 が許されたのは衝撃でしたが、そのことで逆に責任というか、そんなのを感じました。やるもやらないも自分次第なんだと思って。目標数 2 と書いて実際は 0 だったときも先生は責めたり叱ったりはしなくて、達成できる方法を一緒に考えようと言われたので、自分のことややり方を考えるようになりました。

教師　　：やり方は具体的にいうと？

参加者：目標は何でも高いほど良いと思ってたけど、高すぎて嫌っていうか負担になってしてないより、少し頑張ればできるものにしてそれをこなし

ていくのがよかった。1つとか2つとかの少ない目標でもやった時は
うれしかったです。

（クラスB、参加者SI）
教師　：目標や方法とかのこと話しながらボキャビルを10週間やってみて、
　　　　どうでしたか。良かったところ悪かったところを話してもらえる？
参加者：最初の数週は自分が英語を嫌いなのもあって、正直、毎週先生に（目
　　　　標数したかどうかを）聞かれるのが嫌だと思っていました。でも、自
　　　　分に合う目標とかボキャビルをするのを忘れない方法とかを提案され
　　　　て、それでやってみたらできたから少しずつでもやっていこうと思い
　　　　ました。英語はとにかく苦手で、これまでこんなに先生と個人的に英
　　　　語の勉強のことで話すことはなかったので励みになりました。

　クラスBの参加者SIからやや否定的な意見が聞かれたが、上記した4名以
外の6人からも全般的に形成的フィードバックが自己調整学習に肯定的に作用
した見解が得られた。インタビューでは「自分次第」や「自分で決めた」とい
う語句が度々聞かれ、義務感や「言われたからした」という感覚で取り組んだ
わけではないことが窺えた。英語が苦手な学習者のディモチベーション要因の
1つの「義務感」を彼らが本調査では感じなかったことは、彼らに対する指導
法に関して大きな示唆となる。またインタビューでは、目標数や方法を調整し
ながら取り組んだ様子や、自己効力感の高まりを表す言葉も聞かれた。これは
形成的フィードバックが参加者の行動の側面だけではなく、動機づけの側面に
も作用したことを示唆するものだと考える。
　2つ目の質問は、課題への取り組みに関するクラスメイトからの影響の有無
についてであった。この質問を尋ねたのは、特に調査の中盤以降、リフレクシ
ョンシートに記入してもらう際に参加者間で取り組み課題について会話する様
子が観察されていたからであった。自己調整学習を促進する環境要因として、
教師以外に友人からの作用もあったのではないかと推察し、この質問を聞くこ
とにした。以下に2つ目の質問に関する3名の参加者とのインタビュー内容を
紹介する。

（クラス A、参加者 YI）

教師　：次に、ボキャビルに関して、まわりの友達からの影響はあったと思
　　　　う？隣の友達がやっているから自分も頑張ろうというような。

参加者：んー、特に友達や友達がどうやっているかを意識したことはありませ
　　　　んでしたね。あくまで自分で目標を決めて「やる」と言ったからやら
　　　　ないといけないって自分との闘いという感じでした（笑）。

（クラス B、参加者 NG）

教師　：次に、ボキャビルに関して、まわりの友達からの影響はあったと思
　　　　う？隣の友達がやっているから自分も頑張ろうというような。

参加者：（隣に座っている友人を見ながら）ON（友人の名前）が週に 7 ユニッ
　　　　トをやっていると聞いたときは驚いて少し焦りを感じたんですが、そ
　　　　れで自分の目標とかがが変わることはなかったかなと思います。

（クラス B、参加者 YG）

教師　：次に、ボキャビルに関して、まわりの友達からの影響はあったと思
　　　　う？隣の友達がやっているから自分も頑張ろうというような。

参加者：友達と一緒に PC 室に行ってボキャビルをやるときは、大体同じ時間
　　　　に終わるように、目標数っていうかやるユニット数を同じ数にしよう
　　　　と話したことはありました。

　上記のクラス B の参加者 YG ともう 1 人のインタビュー参加者が目標数を
設定する際に友達と相談したことがあったと述べたが、ほかの参加者からは友
人の影響を認識する言葉は聞かれなかった。観察する限り、調査が進行するに
つれ参加者同士で取り組み課題に対して話をする様子が散見されるようになっ
ており、自己調整学習になんらかの影響はあったのではないかと考えるが、参
加者自身はその行動をほとんど意識していなかったということであろう。一
方、「自分との闘い」や「自分の目標ややり方が変わることはない」などとい
う言葉が聞かれ、学習者自身においてしっかりと取り組んでいたことが質問 1

に続き重ねて確認された。

## 第3節　まとめ

　本章では、英語苦手意識を持つ学習者に対する形成的フィードバックの自己
調整学習の作用に関して量的分析を通して検証した。英語学習版自己調整尺度
を用い、主に自己調整学習のメタ認知と動機づけの側面に対する影響を、そし
てeラーニングの取り組み実施数を捉えることで自己調整学習の行動の側面に
対する影響を分析し考察した。自己調整学習尺度は予見段階に「自己効力感」
「計画」、遂行段階に「努力」「自己モニタリング」、自己省察段階に「評価・振
り返り」の下位尺度で構成されるものであった。

　形成的フィードバックの有無が自己調整学習アンケートの回答にどのような
影響を与えたかを調べるため、各群の参加者の1回目と2回目のアンケートへ
の回答の差（変化量）を用いて検討したところ、「努力」と「評価・振り返り」
において有意な差が確認された。つまり、形成的フィードバックはわずか10
週間という介入であったにもかかわらず、実験群の参加者の自己調整学習の意
識に確実なプラス変化を生じさせていたことが明らかとなった。ほかの下位尺
度「自己効力感」「計画」「自己モニタリング」においても、アンケートへの回
答として統計的に有意な差を表出するには至らなかったが、統制群に見られた
変化量を上回る変化量を示す結果となり、それら3つの下位尺度においても向
上の方向にあったと考える。

　実験群の参加者の明確な意識の変化は実際の行動にも表れた。実験群の毎週
のeラーニングへの取り組み回数は統制群の2、3倍の回数で推移し、課題に
対するパフォーマンステストの点数も調査開始時より終了時には大きく向上す
るという結果となった。eラーニングの取り組み回数は、教師がフィードバッ
クを与え始めてから明らかに増加しており、教師からのフィードバックの提供
が行動における変化をもたらしたと言える。eラーニングに取り組むというこ
の実際の行動は教師が居合わせない場面で起きており、それが持続したことは
注目すべき点であろう。

　調査後の実験群の参加者との面接からは、彼らが総じて形成的フィードバッ
クのある授業に対して肯定的であり、自分に適した目標数や学習方法を見出す

機会となる教師との対話が、彼らの継続的学習に対する意欲を刺激した一要因であったことが捉えられた。本調査の結果は、学習者の自己調整学習の助長に対する形成的フィードバックの有効性（Black & Wiliam, 2009; Butler & Winnie, 1995; Hattie & Timperley, 2007; Nicol & Macfarlane-Dick, 2005）を、日本の英語教育においても実証するものとなったと言えよう。また、形成的フィードバックが思い通りに学習を進めることができていない学習者に対して効果的であるという見解（Shute, 2008）を裏付けるものとなったと考える。

　最後に、本章の研究の課題として以下の 3 点を挙げる。1 点目は、自己調整学習を促す形成的フィードバックの具体的な中身を調査することである。教師のどのような言動が学習者に強く作用したかを明らかにする必要がある。2 点目は、本研究での e ラーニングへの取り組み方および自己調整学習尺度への回答をもとに学習者を分類することである。参加者の取り組み回数を個別に見ると、形成的フィードバック導入直後から安定的に実施するようになった者、実施回数にむらがある者、後半になってようやくエンジンがかかった者などの特徴を捉えることができる。また、少人数だがほとんど e ラーニングをしなかった者もいた（調査期間中の 1 週だけの実施―1 名、3 週だけの実施―2 名）。このような特徴と与えたフィードバックの内容を合わせて分析を行うことで、学習者のタイプ別に必要な形成的フィードバックを知ることができると考える。3 点目は、本調査の実験群の参加者がその後も英語学習において自分で調整しながら取り組んでいるか、さらには、自己調整学習のスキルをほかの科目の学習や日常生活の多様な場面で用いているかについて調査を拡充する必要もあると考える。ジマーマン・シャンク（2006）は、自己調整は場面限定的なものであり、学習者がすべての分野で等しく自己調整をすることを想定していないと述べているが、少なくとも同じ英語という科目においては、なんらかの形で調整が行われていることを期待し捕捉したいと考える。

# 第6章　総括

## 第1節　本書の研究の要約と総合的考察

### 1. 本書の研究の要約

　本書で行った研究に設定した研究課題への解答は、以下のようにまとめられる。

《研究課題1》

　一定期間、学習課題に形成的フィードバックを教師から継続的に与えると、英語苦手意識を持つ学習者の自己調整学習はどのようなプロセスを辿り、どのように変化するのか。

　調査開始時の彼らの自己調整学習は、英語学習への苦手意識と低い学習意欲によってほとんど機能しておらず、短期目標を立てて課題に臨むことも学習方法を工夫することもなく極めて受動的な姿勢で授業に出席している状況であった。しかし、形成的フィードバックを受けることで徐々に自己調整学習の3段階を循環しながら学習課題に取り組むようになったことが、質的研究法TEMを用いた分析で明らかとなった。TEMによって、「学習者が取り組み課題に対して循環的な自己調整学習をし始める」という等至点に至るまでに4つの期を経ることがわかり、次の期への移行時には自己効力感の高まりが影響していることが見出された。しかしながら、その等至点までのプロセスは一様ではなく、授業開始時の英語の授業に対する志向性と自己調整の進捗のスピードによって、参加者は3タイプに区分されることが判明した。「志向柔軟・漸進型」「志向固定・漸進型」「志向固定・断続型」である。「志向柔軟・断続型」タイプも想定していたが調査で該当する者はいなかった。「志向柔軟・漸進型」は、学期が変わり新しい英語の授業に臨む段階で苦手意識がそう強くない場合は、

形成的フィードバックを受けることで自己調整学習が途切れることなく進展していくタイプである。しかし、進捗のスピードはさまざまである。「志向固定・漸進型」と「志向固定・断続型」は、英語の授業に対して受動的に受けるものといった固定観念を強く持っているタイプである。しかしながら、「漸進型」の場合は、形成的フィードバックを受けるうちに英語力向上に対する期待感などを感じるようになり、少しずつ調整を始めるようになる学習者である。「断続型」は形成的フィードバックを受けることで前向きな変化を見せたと思いきや、次週は意欲が減退したり計画の実行を止めたりとむらのあるタイプである。調整の意義や効果に納得すると積極的に調整するようになるが、それまでにやや時間がかかる学習者群である。

《研究課題2》
　形成的フィードバックのある授業を一定期間受けることによって、学習者の英語学習における自己調整学習を評価する自己調整学習尺度の結果にどのような変化が見られるのか。

　課題に対する自分の学習行動を振り返るリフレクションシートだけを導入した統制群に対して、リフレクションシートの記述を基に教師からの形成的フィードバックを受けた実験群では、短期間にもかかわらず自己調整学習のメタ認知の一側面である「評価・振り返り」と動機づけの一側面である「努力」に関して、統制群とは明白に異なる向上的な意識の変化が生じたことが明らかとなった。そのほかの「自己効力感」「計画」「自己モニタリング」の下位尺度に関しては、統制群との変化量の差に統計的な有意差は見られなかったが、3つすべての尺度において統制群の変化量より高い平均値を得た。全体的な傾向を踏まえ、形成的フィードバックには自己調整学習の諸側面にプラスの影響を与える作用があると考える。

《研究課題3》
　形成的フィードバックのある授業によって、学習者の課題に対するパフォーマンスに変化は見られるのか。

　教師が居合わせない授業外で取り組む e ラーニングの課題に関して、形成的フィードバックの提供開始後に学習ユニット数が増え、調査終盤にはフィードバックの提供が無くなっても安定的に課題に従事し続けたことが確認された。また、e ラーニングへの取り組み行動による結果の 1 つとして実施したパフォーマンステスト（単語テスト）においても、終了時には実験群の平均点が大幅に統制群を上回る結果となった。当初、実験群と統制群の間に差はなかった。参加者の取り組み課題に対する姿勢や意欲に明らかな変化が生じたことが、実際の学習行動にも変化をもたらし成果を得る結果に至ったと考察した。ここで注目すべき点は、実験群の参加者が形成的フィードバックを受けたことに対して「教師から言われたから学習した」という理解ではなく「自分で目標や計画を決めたから学習した」という意識であったことである。形成的フィードバックがディモチベーションの要因の「義務感」を生じさせず、自己調整を促す教育的アプローチとして機能するといえよう。

## 2.　総合的考察

　本書で行った研究調査を通して、英語苦手意識を持つ大学生学習者は、その多くが効果的な自己調整学習を行っていない状態、より正確に言えば、成果に繋がるように自分の学習や感情を調整しながら学習を進めるための視点を持ち合わせていない状態にあり、その状態は形成的フィードバックを受けることで自己調整学習を始動する方向へ改善されていくことが確認できた。留意すべきは、その改善は一気に望ましいレベルにまで到達するのではなく、段階を経ながら徐々に進展していくという点である。それゆえに、非可逆的な時間の流れにおけるある一時点だけで伝える総括的なフィードバックとは異なり、その一時の状態を生み出した前後の文脈を考慮して、継続的に与えられる形成的フィードバックが必要となる所以があると考える。また、学習者の自己調整学習の段階が進むにつれ、与える形成的フィードバックの内容や頻度も変わっていく必要があることが示唆された。これらのことをまとめたものが、図 20 である。

　本書での研究結果を踏まえて、英語に苦手意識を持ち意欲が減退している大学生学習者の自己調整学習能力の発展も、Schunk and Zimmerman（1997）

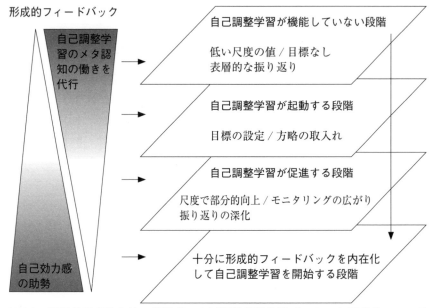

形成的フィードバック

自己調整学習のメタ認知の働きを代行

自己効力感の助勢

自己調整学習が機能していない段階

低い尺度の値／目標なし
表層的な振り返り

自己調整学習が起動する段階

目標の設定／方略の取入れ

自己調整学習が促進する段階

尺度で部分的向上／モニタリングの広がり
振り返りの深化

十分に形成的フィードバックを内在化
して自己調整学習を開始する段階

図20　英語苦手意識を持つ学習者の自己調整学習発達プロセスと形成的フィード
　　　バックの役割

の「自己調整学習能力の発達に関する社会的認知モデル」に基本的に沿う形で
呈することができると考える。自己調整学習の源が最初は社会的要因にあり、
次第に自己内で生じる方向に移行する様子が確認できたからである。しかしな
がら、対象者が本書の調査の参加者のように動機づけと英語力が低い場合、
Schunk and Zimmerman（1997）のモデルの第2段階目から必要とされる「社
会的ガイドとフィードバック」は第1段階から必要であると考える。
Zimmermanらのモデルは、学習や身の回りの物事に対して好奇心旺盛な小学
生への調査を通して見出されたもので、したがって第2段階の前に先生や大人
の行動を観察し模倣して学習のやり方を心得ていくという第1段階が設定され
たと考えられる。一方、本研究の参加者のようにすでに大人で、加えて英語に
数年間苦手意識を持っている学習者の場合、学習者自らが好奇心を持ち、観察
や模倣によって自己調整学習能力を前に進めることはほとんど見込めないこと
である。実際、本書の第3章および第5章の調査開始時に、取り組み課題への
効果的な方法について教師がデモンストレーションをしたり、eラーニングの

画面をスクリーンに映しながらやり方を説明したりしても、興味を持って自ら取り組みを始める参加者はほとんどいなかった。したがって、対象者がある程度の学習経験を持つ学習者の場合は、最初から形成的フィードバックを導入し、自己調整学習起動への働きかけを始めることを提案したい。

　上記の考えに基づき、図 20 では、初期段階の教師の形成的フィードバックにおける第一義の役割として、「自己調整学習のメタ認知の働きを代行」することを示している。ここでの「代行」という言葉は、形成的フィードックを与えるという行為を通して、メタ認知の側面の改善に必要な視点を示すことを意味する。ここで注意すべきなのは、その言動は一貫して「形成的フィードバック」であるべきで、「○○ができるようになりなさい」「○○という方法をとりなさい」などのような強制的、指導的とならないことである。形成的フィードバックは、学習者が自らの学習プロセスに能動的に関わることを促進させるものであるため、目標や学習方法を最終的に決めるのは学習者であることが肝要だからである。この「自己調整学習のメタ認知の働きを代行」する形成的フィードバックの働きは、当該学習者のほとんど機能していない自己調整学習を起動させ、促進させることにある。次第に学習者が形成的フィードバックを自己内で行えるようになる程度が増えるにつれ、教師がメタ認知の側面に助言を与えることは減少していき、代わりに学習者の学習行動を認め、自己効力感を助勢させることにその役割は移行していくと考える。

　本書での研究調査への参加者のうち、図 20 に示す「十分に形成的フィードバックを内在化して自己調整学習を開始する段階」という最終段階に何割の学生が到達したかという点については、今回明らかにすることができないためこれからの課題とする。本書では全体的傾向として、形成的フィードバックは、英語に苦手意識を持つ学習者が自分の学習プロセスのメタ認知、行動、そして動機づけの側面において能動的に関わることに有益に作用し、ほとんど機能していなかった自己調整学習を起動させ、促進させたという点で総合的なまとめとしたい。

## 第 2 節　教育的示唆

　上記の要約に基づき、本研究から導かれる教育的示唆を以下に 4 点述べる。

(1)　ディモチベーションの要因の軽減

　英語に苦手意識を持つ学習者は、現状からの向上を図る際に相応しくないまたは適切ではない目標を立て、さらに立てた目標と学習行動と振り返りが有意義に繋がらず、その場その場の対応をする傾向がある。取り組み課題に対して、どう目標を立てるか、そして"自分（学習者自身）"が立てた目標をどう達成していくかなど、目標の意味や計画の意味を考えさせる機会を持つことで、彼らはディモチベーションの要因の１つである義務感ややらされている感をほとんど感じることなく学習方法を考えることを始め、学習をうまく進めるノウハウと達成感を得ながら、少しずつ自己効力感を取り戻す傾向を見せた。長い間学習意欲が減退していた学習者に自己調整学習を起動させる際に、形成的フィードバックが果たす役割が本書の研究で捉えられた。Sadler（1989）は「現状と目標までのギャップを埋めるためのフィードバックは、学習者に本当に使われてこそフィードバックとなる」（p.121）というほかの研究者の見解に同意し、これまでのフィードバックの定義は狭すぎで本来の働きをしていないと述べている。

　ここ十数年、アクティブ・ラーニング型授業への移行、新学習指導要領における自己調整の観点の導入、学修者本位の教育への転換など、日本の教育でも学習者にいかに主体的で自律的な学習を促すかということが関心の的である。学習者に学び方の学びを教えたり、目標設定や振り返りといった学習活動を行わせたりする機会が増えている。そのような展開と並行して今大事なのは、指導者側が効果に繋がる目標設定の方法や計画の立て方などについて形成的フィードバックや自己調整学習の観点から知識を得ておくことだと考える。たとえ大学生であっても適切に目標を立てることは難しいという現状がある。目標を立てさせて終わりではなく、目標設定から関わることが肝要であろう。また、学習者が意欲減退の状態にある場合は、ディモチベーションの要因を理解しておくことでフィードバックの精度が高まると考える。

(2)　英語学習版自己調整学習尺度の活用

　本書の調査で実施したように形成的フィードバックを個別に与えることは、

実際の教育現場では簡単ではないという意見もあるだろう。そのような場合は、学期開始時などに自己調整学習尺度を用いたアンケートを実施し、予見段階、遂行段階、省察段階のプロセスへの従事度を把握するだけでも状況を改善できるのではないかと考える。各学習者またはクラス全体において十分でない段階を見出すことができれば、その部分に関して、例えば目標設定と行動計画の話やリフレクションシートの導入などの対応をピンポイントで行うことができる。

(3)　学習者との対話から得られた情報を活用した指導法の改善

　形成的フィードバックは学習者の自己調整学習を促進させるための機能だけを持つのではなく、教師が指導改善に役立つ情報を得られる絶好の機会である。私自身、本書での研究を通して学生と話すことで多くの気づきを持ち、それらを参考にすることで適切な指導を行えた感覚を持っている。継続的または頻繁に学習者一人一人と話すのは難しいかもしれないが、例えば、多くの大学で学期末に実施されている授業アンケートなどの回数を増やし、全体的なフィードバックを都度行うということはすぐにでも導入できることであろう。ただ、その場合も学習者の学習プロセスに添うという形成的フィードバックの視点は肝要である。彼らがしっかりと目標を立てているか、目標と現状のギャップを正確に把握しているか、目標までに必要な方略をもっているかについて捕捉し、クラスの回答傾向を見た上で全体的にフィードバックを与える。「この授業はわかりやすかったですか」や「この授業はためになりましたか」など、教師が安心感を得るようなアンケートとは異なるものである。

(4)　学習者への学習の責任のシフト

　自己調整学習や形成的フィードバックの研究者が言及しているように（e.g., Nicol & Macfalane-Dick, 2005）、教育の在り方は、教師が前に立ち学生は聞くという教師主導からアクティブ・ラーニングの広まりに象徴されるような学習者中心の形態に移行してきている。そして、現在は 2040 年に向けた高等教育のグランドデザインで示された学生自身も学修成果を説明できる教育、つまり「学修者本位の教育」への転換が目指されている。卒業時、どの学生も大学で

の学修上のゴールであるディプロマ・ポリシーをどれだけ達成したのか、または入学時とは違って何ができるようになったのかについて、ある程度は述べることができると思う。一方で、その中身の濃さは卒業までの日々にどれだけ明確な目標を立て、行動し、振り返りをしながら自らの知識、スキル、可能性を高めることに挑戦してきたかに比例して、個々人で随分異なってくると考える。学習者に自分の学習にしっかり従事させ、学習は自分のものであること、つまりその責任は自分にあるという意識の醸成に資する要素が自己調整学習には多分に含まれていると考える。

## 第3節　今後の課題

今後の課題として、以下の4点を挙げる。

1）形成的フィードバックとして与えた教師の言動の精査

　形成的フィードバックとして与えた教師の言動のどの部分がどのように学習者の自己調整学習に効いたのか、そうではなかったのかという情報は、執筆者も含めて教師が知りたい情報であると考える。今後に研究を進めたい。

2）英語学習版自己調整学習尺度の予測的妥当性の再検討

　本書の第4章で開発した自己調整学習尺度について、今回は十分な人数の英語力上位者を確保することができなかったため、比較的英語力が近似した学習者群間での検討となった。妥当性を高めるためにも英語力上位者との検討を行う必要がある。

3）自己調整学習発達に関する到達段階の把握

　第5章の実験群の個々の参加者が10週間の教育的介入を受けた後、自己調整学習の発達のどの段階にまで至ったかを把握する必要がある。第5章のまとめでも言及したように、e ラーニングの取り組み実施数の推移を参加者ごとに確認したところ、全期間を通して実施数が極端に少ない者が数人確認されている。実施数の推移などから参加者を類型化し、類型別にリフレクションシートの記述を分析することなどから、さらに深く掘り下げた分析を行いたい。

4) 形成的フィードバックを受けた参加者のその後の自己調整学習の把握

　形成的フィードバックを一定期間受けた経験を持つ大学生学習者が、その後も自らの学習や行動を調整するのかどうかについて今後調査したい。第5章でも触れたように、ジマーマン・シャンク（2006）は、自己調整は場面限定的なものだとしているが、少しでも意識したり応用したりする様子が捉えられれば、英語学習に限らず学習全般に対して新しい示唆を呈することができると考える。

　本書の研究から見出された結果は、英語学習に後ろ向きの姿勢の学習者の苦手意識を軽減しパフォーマンスの向上に導くアプローチが、宿題をたくさん出したり補習をしたりという指導を強化する方法以外にもあることを示唆していると考える。授業内外の彼らの学習への意識や姿勢に作用するようなアプローチ、言い換えると学習者のプロセスに関わり、学習者に学習は自分のもの、自分の責任であるというマインドセットを促す重要性を認識させるものであろう。

　参加者一人一人と定期的に対話を行うのはそれなりの時間と労力がかかることではあったが、それによって今まで知り得なかった個々人の学習プロセスについての情報を広く深く得ることができたのは有意義なことであった。Nicol and Macfalane-Dick（2005）は「学習者の自己調整を促進させる効果的なフィードバックの7原理」の中で、「良いフィードバックの提供は、教師に授業形成に役立つ情報を与える」と述べている。本書の調査において実施したフィードバックの良し悪しは判断できないが、少なくとも学習者の学習プロセスに関わって得た情報は、最終的には効果的な授業の提供に繋がったと考える。ここでの「学習プロセスに関わって得た情報」というのは、小テストの結果や授業での教師からの問いに対する学習者の応答、教科書の問題への解答などだけではない。なぜそのような解答になったのか、なぜそのような目標を立てたのか、どのような学習をとっているか、難しいと思わせているものは何か、立てた計画を行えなかった原因は何か、反対になぜそんなに頑張ったのかなどの情報も含む。そのような部分の理解を得ると、指導に臨む際に留意する観点がずいぶん変わると考える。

多忙な日々の中、多様な学習者と向き合わなければならない教師にとって、「学習者に形成的フィードバックを与える」ということを考えること自体が至難なことかもしれない。実際、著者が形成的フィードバックについての教員免許更新講習を行った際、参加者の先生から「中・高の現場で一人一人と話す時間はなかなかとれないですよ」「最初は生徒の能動性を引き出そうと思って生徒と話し始めるのですが、生徒が何も言わないで黙り続けたりするから、最終的には『明日までに、これをするように』という指導になってしまう」などという生の声が複数聞かれた。私自身、以前高校に勤務していたこともあり、また現在は英語が苦手な学生と接する日々であり、そのような状況や気持ちは理解しているつもりである。しかしながら、形成的な観点からのフィードバックにより、学習者の自己調整学習にプラスの変化が見られたという事例を持つに至った今、やはりそれを指導に導入すべきだと確信している。学習者の学習プロセスへの関わり方は、じっくりと時間をかけて一人一人と対話することだけではなく、日々の授業や休み時間などで学習者と接触する機会にもできることである。ちょっとした声掛けの中に自己調整学習を促す形成的な観点の情報を加えるだけでも学習者に及ぼす作用はある。また、本書の研究で見出されたように、学習者が自分で適切にモニタリングを行い自分で効果的に学習を調整できるようになるにつれ、教師が与えるフィードバックはメタ認知の側面に関するものから、効力感の助勢のための励ましや承認などのフィードバックに内容が変化し、一人一人の学習者に割く時間は圧倒的に短くなった。時間や労力がかかったのは最初の段階だけであり、加えて、次第に学習者が見せるプラスの変化への喜びの表情は、初期にかけた労力を忘れさせるものであったことを強調したい。

　本書が、英語のみならず何かの科目に苦手意識を持つ学習者がいる教室での指導の一助となることを心より願う。

# 参考文献

Ambrose, S. A., Bridges, M. W., DiPietro, M., Lovett, M. C., & Norman, M. K. (2010). *How learning works: Seven research-based principles for smart teaching.* San Francisco: Jossey-Bass.

Bandura, A. (1986). *Social foundations of thought and action: A social cognitive theory.* NJ: Prentice-Hall.

Black, P., & Wiliam, D. (1998). *Inside the black box: Raising standards through classroom assessment.* London: GL Assessment.

Black, P., & Wiliam, D. (2009). Developing the theory of formative assessment. *Educational Assessment, Evaluation, and Accountability, 21,* 5-31.

Butler, D. L., & Winne, P. H. (1995). Feedback and self-regulated learning: A theoretical synthesis. *Review of Educational Research, 65,* 245-281.

Clearly, T. J., & Zimmerman, B. J. (2001). Self-regulation differences during athletic practice by experts, non-experts, and novices. *Journal of Applied Sport Psychology, 13,* 185-206.

Dörnyei, Z. (2001). *Motivational strategies in the language classroom.* Cambridge: Cambridge University Press.

Dörnyei, Z. (2005). *The psychology of the language learner: Individual differences in second language acquision.* Mahwah, NJ: Lawrence Erlbaum Associates.

Dörnyei, Z. (2009). The L2 motivational self system. In Z. Dörnyei & E. Ushioda (Eds.), *Motivation, language identity and the L2 self* (pp.9-42). Bristol: Multilingual Matters.

Dörnyei, Z., & Ottó, I. (1998). Motivation in action: A process model of L2 motivation. *Applied Linguistics, 4,* 43-69.

Dörnyei, Z., & Ryan. S. (2015). *The psychology of the language learner revisited.* New York: Routledge.

Dörnyei, Z., & Ushioda, E. (2009). Motivation, language identities, and the L2 self : A theoretical overview. In Z. Dörnyei, & E. Ushioda (Eds.), *Motivation, language identity and the L2 self* (pp. 1-8). Bristol: Multilingual Matters.

Falout, J., & Maruyama, M. (2004). A comparative study of proficiency and learner demotivation. *The Language Teacher, 28* (8), 3-9.

Falout, J., Elwood, J., & Hood, M. (2009). Demotivation: Affective states and learning outcomes. *System, 37,* 403-417.

Gardner, R. C., & Lambert, W. E. (1959). Motivational variables in second-language acquisition. *Canadian Journal of Psychology, 13,* 266-272.

Gedye, S. (2010). Formative assessment and feedback: A review. *Planet, 23,* 40-45.

Guilloteaux, M. J., & Dörnyei, Z. (2008). Motivating language learners: A classroom-oriented investigation of the effects of motivating strategies on student motivation. *TESOL Quarterly, 42,* 55-77.

Hatti, J., & Timperley, H. (2007). The power of feedback. *Review of educational research, 77,* 81-112.

Ketabi, S., & Ketabi, S. (2014). Classroom and formative assessment in second/foreign language teaching and learning. *Theory and Practice in Language Studies. 4,* 435-440.

Kikuchi, K, & Sakai, H. (2009). Japanese learners' demotivation to study English: A survey study. *JALT Journal, 31,* 183-204.

Macaro, E. (2001). *Learning strategies in foreign and second language classrooms.* London: Continuum.

Mizumoto, A., & Takeuchi, O. (2009). Examining the effectiveness of explicit instruction of vocabulary learning strategies with Japanese EFL university students. *Language Teaching Research, 13,* 54-77.

Mohmoodi, M. H., Kalantari, B., & Ghaslani, R. (2014). Self-regulated learning, motivation and language achievement of Iranian EFL learners. *Social and Behavioral Science, 98,* 1062-1068.

Munezane, Y. (2015). Enhancing willingness to communicate: Relative effects of visualization and goal setting. *Modern Language Journal, 99,* 175-191.

Nicol, D., & Macfalane-Dick, D. (2005). Formative assessment and self-regulated learning: A model and seven principles of good feedback practice. *Higher Education, 31,* 199-218.

Nitta, R., & Baba, K. (2015). Self-regulation in the evolution of the ideal L2 self: A complex dynamic systems approach to the L2 motivational self system. In Z. Dörnyei, P. D. Macintyre & A. Henry (Eds.), *Motivational dynamics in language learning* (pp. 367-396). Bristol: Multilingual Matters.

Oyserman, D., & James, L. (2009). Possible selves: From content to process. In K.

D. Markman, W. M. P. Klein, & J. A. Suhr (Eds.), *Handbook of imagination and mental simulation* (pp. 373-394). New York: Psychology Press.

Pintrich, P. R. (2004). A conceptual framework for assessing motivation and self-regulated learning in college students. *Educational Psychology Review, 16,* (4), 385-407.

Pintrich, P. R., & De Groot, E. V. (1990). Motivational and self-regulated learning components of classroom academic performance. *Journal of Educational Psychology, 82,* 33-40.

Pintrich, P. R., & De Groot, E. V. (1994). Classroom and individual differences in early adolescents' motivation and self-regulated learning. *Journal of Early Adolescence, 14* (2), 139-161.

Sadler, D. R. (1989). Formative assessment and the design of instructional systems. *Instructional Science, 18,* 119-144.

Schunk, D. H. (2001). Social cognitive theory and self-regulated learning. In B. J. Zimmerman & D. H. Schunk (Eds.), *Self-regulated learning and academic achievement* (pp. 125-152). Mahwah, NJ: Erlbaum.

Schunk, D. H., & Zimmerman, B. J. (1997). Social origins of self-regulatory competence. *Educational Psychologist, 32,* 195-208.

Schunk, D. H., & Zimmerman, B. J. (2007). Influencing Children's self-efficacy and self-regulation of reading and writing through modelling. *Reading & Writing Quarterly, 23,* 7-25.

Shute, V. J. (2008). Focus on formative feedback. *Review of Educational Research, 78,* 153-189.

Toering, T., Elferink-Gemser, M. T., Jonker, L., van Heuvelen, M. J. G., & Visscher, C. (2012). Measuring self-regulation in a learning context: Reliability and validity of the self-regulation of learning self-report scale (SRL-SRS). *International Journal of Sport and Exercise Psychology, 10,* 24-38.

Tsuchiya, M. (2004). Factors in demotivation concerning learning English: A preliminary study of Japanese university students. *KASELE, 32,* 39-46.

Tsuchiya, M. (2006a). Factors in demotivation of lower proficiency English learners at college. 『英語と英語教育 特別号 小篠敏明先生退職記念論文集』87-96.

Tsuchiya, M. (2006b). Profiling of lower achievement English learners at college in terms of demotivating factors. *ARELE 17,* 171-180.

Tsuchiya, M. (2009). A study on the effects of learning strategies on a learner's achievement in learning English. *Research Bulletin of Fukuoka Institute of Technology 41*, 133-138.

Tsuchiya, M. (2015). Collaborative learning for less proficient learners in university English education: Combatting demotivating factors. *ARELE 26*, 381-395.

Ushioda, E. (1996). Developing a dynamic concept of motivation. In T. Hickey & J. Williams (Eds.), *Language, Education and Society in a Changing World* (pp. 239-245). Dublin: Multilingual Matters.

Ushioda, E. (2009). A person-in-context, relational view of emergent motivation, self and identity. In Z. Dörnyei, & E. Ushioda (Eds.), *Motivation, language identity, and the L2 self* (pp. 215-228). Bristol: Multilingual Matters.

Wicking, P. (2016). The role of formative assessment in global human resource development. *JALT Journal, 38*, 27-43.

Zhang, Y. (2012). The impact of listening strategy on listening comprehension. *Theory and practice in language studies, 2*, 625-629.

Zimmerman, B. J. (1989). Social cognitive view of self-regulated academic learning. *Journal of Educational Psychology, 81*, 329-339.

Zimmerman, B. J. (1998). Developing self-fulfilling cycle of academic regulation: An analysis of exemplary instructional models. In D. H. Schunk & B. J. Zimmerman (Eds.), *Self-regulated learning: From teachinig to self-reflective practice* (pp. 1-19). New York: Guilford.

Zimmerman, B. J. (2000). Attaining self-regulation: A social cognitive perspective. In M. Boekaerts, P. R., Pintrich, & M. Zeidner (Eds.), *Handbook of self-regulation* (pp. 13-39). San Diego: Academic Press.

Zimmerman, B. J. (2008). Goal setting: A key proactive source of academic self-regulation. In D. H. Schunk & B. J. Zimmerman (Eds.), *Motivation and self-regulated learning* (pp. 267-295). New York: Routledge.

Zimmerman, B. J., & Campillo, M. (2003). Motivating self-regulated problem solvers. In J. E. Davidson & R. J. Sternberg (Eds.), *The psychology of problem solving.* (pp. 233-262). Cambridge: Cambridge University Press.

荒川歩・安田裕子・サトウタツヤ (2012).「複線径路・等至性モデル TEM 図の描き方の一例」『立命館人間科学研究』*25*, 95-107.

有本昌弘・小田勝己・小田玲子・多々納誠子（訳）(2005).『形成的アセスメントと学力―人格形成のための対話型学習をめざして―』明石書店.

幾留沙智・中本浩揮・森司朗・藤田勉 (2017).「スポーツ版自己調整学習尺度の開

発」『スポーツ心理学研究』*44*, 1-17.

市川伸一 (2000).『勉強法が変わる本』岩波ジュニア新書.

伊藤崇達・神藤貴昭 (2003).「自己効力感、不安、自己調整学習方略、学習の持続性に関する因果モデルの検証―認知的側面と動機づけ的側面の自己調整学習方略に着目して」『日本教育工学会論文誌』*27*, 377-385.

太田かおり (2012).「e-learning 英語教育の学習効果に関する研究―学習者の自律学習へ向けた教師の役割」『九州国際大学国際関係学論集』*7*, 51-80.

菊地恵太 (2015).『英語学習動機の減退要因の探求―日本人学習者の調査を中心に―』ひつじ書房.

ジョン・ハッティ (2018). 山森光陽 (監訳).『教育の効果―メタ分析による学力に影響を与える要因の効果の可視化―』図書文化社.

志村昭暢・尾田智彦・石塚博規・横山吉樹・中村香恵子・竹内典彦 (2014).「3 大学の英語授業における e ラーニングによる動機づけと学習の効果」『工学教育』*62*, 40-46.

杉谷祐美子 (2012).「大学教育に対する選好」『第 2 回大学生の学習・生活実態調査報告書』92-95. ベネッセ教育総合研究所

須崎康臣・杉山佳生 (2015).「自己調整学習と体育授業に対する適応との関連」『九州体育・スポーツ学研究』*29*, 1-12.

竹内理 (2003).『より良い外国語学習法を求めて―外国語学習成功者の研究―』松柏社.

玉木史郎・伊藤豊彦 (2003).「体育授業における小学生の学習方略に関する研究」『山陰体育学研究』*18*, 15-25.

中央教育審議会 (2016).「幼稚園、小学校、中学校、高等学校及び特別支援学校の学習指導要領等の改善及び必要な方策等について (答申)」.

土屋麻衣子 (2017).「自己調整学習と形成的フィードバック：L2 セルフシステム理論の観点から」『福岡工業大学 FD アニュアルレポート』*7*, 28-37.

バリー・J・ジマーマン，ディル・H・シャンク (2006).『自己調整学習の理論』塚野州 (編訳)・伊藤崇達・中西良文・中谷素之・伊田勝憲・犬塚美輪 (訳) 北大路書房.

廣森友人 (2012).「英語学習者の動機づけを高める指導実践―動機づけ評価の診断的活用―」. *ARELE, 23*, 361-372.

水本篤 (2011).「自己調整学習における自己効力感の影響」『関西大学外国語学部紀要』*5*, 35-56.

宮迫靖静 (2002).「高校生の音読と英語力は関係があるか」*STEP Bulletin, 14*, 14-

25.

安田裕子・サトウタツヤ（2012）.『TEM でわかる人生の径路：質的研究の新展開』誠信書房.

山田恭子・堀匡・國田祥子・中條和光（2009）.「大学生の学習方略使用と達成動機、自己効力感の関係」『広島大学心理学研究』9, 37-51.

山田剛史（2016）.「学生エンゲージメントが拓く大学教育の可能性―改めて「誰のための」「何のための」教育改革を考える―」『第 3 回大学生の学習・生活実態調査報告書』31-39. ベネッセ教育総合研究所.

山森光陽（2018）.「フィードバックの種類・頻度と一年間の学力偏差値の推移」『日本教育心理学会第 60 回総会発表論文集』656.

# 付　　録

第3章：英語学習版自己調整学習尺度の項目

〈自己効力感〉
1. 英語学習で難しいことに直面したとき解決方法を見つけられる。
2. 努力をすれば英語学習での困難を乗り越えられる。
3. 英語の勉強で困ったことがあったとき、どうしたらいいかわかっている。
4. 自分の英語の勉強の目的と、それを達成するために必要なことは何かわかっている。
5. 一生懸命頑張れば英語学習における困難にうまく対処することができる。
6. 英語学習で困難があったときの対処法を知っているので、困難に直面したときも冷静でいれる。
7. 英語学習において困難があっても、きっと乗り越えることができる。

〈計画〉
1. 英語学習における自分の課題を克服するためにきちんと計画している。
2. 英語学習における自分の課題を克服するために必要な学習を十分に計画している。
3. 英語学習における自分の問題を克服するために必要なことは何か考えている。
4. 自分が克服すべき課題や問題が何かを考えてから英語の勉強に取り組んでいる。
5. 英語の勉強をするとき、最初にすべきことや次に行うべきことを考えている。
6. 英語の学習に関して、予想外のことが起こったとしても効率的に対処できる。
7. 英語の勉強に取り組む前に、どのように課題を解決するのが最善か考える。

〈努力〉
1. すべての英語の課題にできる限り一生懸命取り組む。
2. 苦手な英語の課題にも最善を尽くして取り組む。
3. あまり好きではない英語の課題が出されたとしても一生懸命する。
4. 英語の勉強をするとき一生懸命取り組む。
5. 自分には困難な英語の課題であってもやり続ける。

6. 難しい英語の課題でも投げ出さない。
7. 自分にとってはあまり重要でないと思える英語の課題にも取り組む。
8. あきらめないで頑張れば、英語学習における問題を乗り越えられると思う。
9. 英語の勉強で机に向かうとき集中して行っている。

〈自己モニタリング〉
1. 英語の勉強をしながら自分がどの程度うまくできているか確認する。
2. 英語の勉強しながら順調に進んでいるか確認する。
3. 英語の勉強をしながら自分の勉強のやり方がいいか悪いかを考える。
4. 自分の英語学習が効果的かどうか考えながら学習している。
5. 自分がどの程度うまくできているかを意識しながら英語の勉強をしている。
6. 英語の勉強中に自分の解答を確認する。
7. 英語力がつくように、課題をしながら自分の答えが正しいか確認する。
8. 英語力がもっとつくように自主学習に取り組んでいる。

〈評価・振り返り〉
1. 自分の英語の勉強方法を振り返り、してきたことが良かったかどうか考える
2. 英語学習における自分の問題点を基に自分の英語学習を振り返る。
3. 私は自分がやってきた英語の勉強が正しいか振り返る。
4. その日に行った英語の勉強を振り返っている。
5. 英語の勉強で行った一つ一つのステップを振り返る
6. 自分の英語スキルが上がっているかどうか時々確認している。
7. 過去の英語学習に関する経験を振り返り、そこから学ぶものを見つけている。
8. 過去の英語学習での経験を踏まえて新しい勉強方法や取り組みを考えている。
9. 自分の英語の勉強が本当に効果的かどうか時々考える。

# 第 3 章、第 4 章、第 5 章の基となった執筆者の研究成果発表

第 3 章

Maiko Tsuchiya (2018). The effects of a teacher's formative feedback on the self-regulated learning of lower-proficiency Japanese university learners of English: A qualitative data analysis using TEM. *ARELE, 29.* 97-112.

（日本語訳、修正加筆の上、再掲）

第 4 章

Maiko Tsuchiya (2019). Developing a self-regulated learning scale for learning English as a foreign language. *International Journal of Curriculum Development and Practice, 21.* 39-51.

（日本語訳、修正加筆の上、再掲）

第 5 章

土屋麻衣子 (2020). 形成的フィードバックが学習者の自己調整学習に及ぼす作用―英語苦手意識を持つ学習者に焦点を当てて―『深澤清治先生退職記念　英語教育学研究』鬼田崇作・山内優佳 (編) 淡水社.

（質的分析パートを加筆の上、再掲）

〔著者紹介〕

土屋麻衣子　博士（教育学）

　1995 年　広島大学大学院学校教育研究科修士課程修了

　2002 年　福岡工業大学社会環境学部専任講師着任

　2019 年　広島大学大学院教育学研究科博士課程修了

　現在　福岡工業大学教養力育成センター　教授

## 自己調整学習と形成的フィードバック
## ディモチベーション払拭に向けて

2023 年 3 月 31 日　初版第 1 刷発行

著　　者　　土屋　麻衣子

発 行 者　　福岡　正人

発 行 所　　株式会社 **金 星 堂**

（〒101-0051）東京都千代田区神保町 3-21
Tel.（03）3263-3828（営業部）
（03）3263-3997（編集部）
Fax（03）3263-0716
https://www.kinsei-do.co.jp

装丁デザイン／岡田　知正
印刷所／モリモト印刷　製本所／牧製本

© Maiko Tsuchiya 2023 Printed in Japan
ISBN978-4-7647-1219-5 C3082